한국 선교와 전라도 선교의 어머니

유화례

글 유화례 • 안영로 엮음

Florence E. Root

쿰란출판사

엮은이 서문

유화례(柳華禮, Florence E. Root) 선교사는 1893년 미국에서 태어났고, 하나님의 부르심을 좇아 아브라함처럼 고향과 친척과 아버지의 집을 떠나 태평양을 건너 그 당시 이름도 생소한 대한민국에 와서 평생을 살면서 이 민족에게 복의 근원이 되었다.

일제 시대에 우리나라를 찾은 그는 식민지 압제하 고난받던 우리 민족에게 구원으로 인도하는 빛을 전해 준다. 그는 예수님처럼 낮은 자리로 내려와 수탈당하고 가난하던 우리 민족과 함께 고생하면서 살았다.

냄새가 나는 시골을 마다않고, 산간벽지를 복음을 들고 누볐다. 순박한 시골 아낙네들을 사랑했고, 신사참배 거부로 폐교할 수밖에 없는 급박한 상황에서도 그 무엇보다 학생들을 아꼈다. 6.25 한국 전쟁 때도 귀국하지 않고,

산속 피난 생활을 친히 겪으면서 한국을 자신의 고향으로 여겼다.

교육사업, 전도사역, 교도소 사역, 고아원 사역 등 할 수 있는 모든 하나님의 사업을 하였다. 낡은 거 고쳐쓰고, 한평생 주는 삶을 살다가, 갈 때는 빈 손으로 떠났다. 오로지 주님처럼 다 주고 내려놓는 선교사의 삶, 모범을 보여 주었다. 누구에게 월급 받는 일도 없었고, 선교비를 받은 적도 없었다.

이 책은, 유화례 선교사 자신이 '수피아와 나'란 제목으로 1975년 5월 7일부터 6월 7일까지 전남매일신문에 연재했던 글로 그동안 스크랩으로 보관해 왔던 것을 새로 입력하고 편집한 것이다. 오린 신문은 빛바랬지만 그 안에 담긴 한 사람의 삶은, 지금도 영롱하게 빛나고 있다. 하얀 눈밭 위의 발자국처럼 우리가 따라 걸어가야 할 길을 먼저 갔다.

유화례 선교사는 은퇴하여 한국을 떠나서도 방에 항상 태극기와 애국가가 그려진 액자와 동양화를 걸어놓고 우리나라와 이 민족을 위해서 기도하셨다. 18년 전 1995년 5월 26일 별세하시기 전까지 계속 그러하셨다.

그의 삶이 나침반이 되어 나도 목회일선에서 내려온 후 남태평양 바누아트공화국의 수도 빌라에 간호대학을 설립해 의료 선교에 힘을 보태고 있으며 맹인선교회 고문, 방파선교회 고문 등으로 선교에 힘쓰고 있다.

이 책이 나오기까지 애써 준 쿰란출판사 이형규 장로

에게 고마운 마음을 전하고, 해외 선교를 준비하는 선교사 후보생들이 꼭 한번씩 읽어보기를 권한다.

2013년 3월 20일

안영로 목사

(증경총회장, 광주서남교회 원로목사)

목차

1. 하나님의 부르심

나는 1898년 12월 21일 조용한 농촌 뉴욕 쿠퍼스타운에서 태어났다. 아버지, 어머니, 오빠 둘의 단란하고 행복한 가정이었다. 나중에 남동생 하나가 더 늘어 우리는 4남매가 되었다. 우리는 믿는 가정으로 한적한 농촌에 살았는데 식사할 때마다 하나님께 감사를 드렸고 잠자리에 들기 전에도 기도하는 것을 잊지 않았다.

초등학교에 입학한 후 주일날이면 주일학교와 대예배

:: 유화례 선교사의 어린 시절
두 오빠와 함께(1896년)

에 꼭 참석했다. 1년이 가도 한 번도 빠지지 않을 정도로 착실히 예배시간에 참여했다. 나는 이때부터 순종하는 생활 특히 부모님께 순종하는 것을 배웠고, 나뿐 아니라 우리 4남매 모두 이것을 기쁘게 받아들였다. 남매끼리 혹은 친구들과 뛰노는 시간은 있었지만 우리 집에 대한 책임을 게을리하거나 학교 숙제를 잊어버린 적은 없었다.

나는 12살 때 내 자유 의사에 따라 예수를 믿었고 입교했다. 중고등학교를 마치고 대학 생활 4년 동안 주일예배나 매일 있는 학교 예배시간에 거의 빠짐없이 참석할 정도로 열성석이있고 대학 2학년 때는 성경공부도 했다.

당시 내가 들어간 대학은 매사추세츠 주에 있는 스미

스 단과대학(Smith College)이었다. 그 때 철학박사였던 교수는 성경말씀을 그대로 가르쳐주지 않았는데, 그 때문에 믿음은 희미해졌고 나는 다른 이들에게 참된 증거도 하지 못했다.

하지만 나는 예수께서 십자가에서 내 죄를 담당하여 내 구주 되신 것을 단 한 번도 의심해 본 적이 없다. 특히 나를 부르신 하나님은 결코 당신 손에서 나를 놓아버리지 않는다고 굳게 믿었다.

대학 졸업 후 나는 공립고등학교 선생으로 들어가게 되었는데, 그곳에서 신앙생활의 열기가 점차 식어버렸다. 친구들에게 인기 있는 사람이 되고도 싶어, 그들의 모습을 따르기도 했다. 그렇게 학교선생으로 5년을 보낸 후 그만두고 남쪽 미시시피 주 어떤 부자의 비서로 가게 되었다. 그 부자는 내게 얘기했다.

"비서가 되면 교회 일을 많이 할 기회가 있을 것입니다."

나는 얼마나 기뻤던지 하늘을 향해 소리를 지르고 싶었다. 나는 돌아온 탕자처럼 마음의 안정을 찾고 있었다.

날마다 틈이 나면 기도를 하며 시간 가는 줄 모르고 보내는 중 어느덧 3년이 지났다. 그곳의 생활은 정말 재미있었다. 월급도 충분해 걱정 없이 살 수 있었다.

그러던 중 어느 날 유명한 부흥목사가 그 도시에 찾아왔다. 3주간 집회를 인도한다는 것이었다. 나는 거기서 큰 은혜를 받았다. 그 집회에서 나는 내 생명을 하나님께 바치겠다고 다짐했다. 나는 매일 성경을 읽고 기도 속에 살기로 결정했다.

그러나 몇 주간이 지나자 나의 생활은 미지근한 때로 돌아가고 말았다. 그 시간을 보내면서도 지금 내 생활 속에서 무엇인가를 찾을 수 없다는 것을 깨닫게 되었다.

남을 위해 무슨 일이든 하고 싶었다. 나는 스스로에게 물어보았다.

“네 평생 이와 같은 생활만 하고 싶으냐? 너는 남을 위해 아무것도 하지 않고 정말 너의 욕심 속에 빠지려느냐.”

무엇인가를 해봐야겠다는 생각에 그곳 교회 목사 부인과 나의 생활에 대해 의견을 나누었다. 그는 나의 아주 친한 친구였다.

그녀는 자신이 다닌 성경학교를 소개했다. 나는 모든

생활을 청산하고 성경학교에 들어갔다. 1년 반 동안 나는 그곳에서 성경을 공부했다. 그곳 성경학교 생활은 지금도 잊을 수 없는 낙원이었다. 천국과도 같다고 할까? 나는 그 학교에 다닐 때 한국이란 생소한 나라에서 일한 선교사 여러 사람을 알게 되었다.

어느 날 그중 한 분이 "선교사업에 대해 어떻게 생각하느냐"고 물어왔다. 나는 "좋지요. 취미에 맞을 것 같아요. 어려서부터 생각해온 것이었어요"라고 대답했다. 그러자 그는 대뜸 "그러면 선교사로 갈 생각은 없느냐?"고 물었다. 나는 갑작스럽고 난처한 질문에 어쩔 줄 모르다가 "아, 나는 대학 졸업한 지가 벌써 12년이나 돼버려 너무 나이가 많고 그 나라 말을 배우기 너무 어렵지 않겠습니까?" 하고 나의 뜻을 얘기했다.

사실 나는 한번 해보고 싶기는 했지만 나이나 그 나라 말에 조금 겁도 났다. 그는 "이 일에 대해 기도해 보겠느냐"고 했다. 나는 그렇게 하겠다고 말하고 진정 나의 갈 길이 어디인지 인도해 달라고 기도를 했다.

그런데 기도하면 할수록 하나님은 나를 부르시는 것만

같았다. 점차 확신이 들었고, 결국 결정은 한 방향으로 굳어갔다. 어떠한 고난이 있어도 하나님의 부르심이라면 기꺼이 해야겠다는 생각과 함께 한국이라는 낯선 나라가 머릿속에 떠올랐다.

나는 남장로교회 선교본부에 가서 한국에 가고 싶다고 신청했다.

1926년 12월 18일 내 생일 3일을 남기고 한국행 배에 올랐다.

1927년 1월 11일 그렇게도 궁금했던 한국 땅을 밟았다. 일본의 고베, 시모노세키를 거쳐 부산에 도착했다. 기차로 대전까지 와 바꿔 타고 광주에 도착한 것은 캄캄한 1월 11일 밤이었다.

나는 조용히 기도했다.

"나의 부르심을 이제야 확실히 알았습니다. 나의 불만, 나의 고통 모든 것은 모두 다 하나님이 다스리시는 줄로 알고 있습니다. 설사 내가 부족하고 고집이 세다 하더라도 나를 누구도 하나님의 손에서 빼앗을 수는 없습니다."

2. 광주의 첫인상

광주의 첫 밤은 어리둥절한 가운데 지나갔다. 한국의 첫 밤이자 광주의 첫 밤이었다. 유리창 밖은 찬바람이 몰아치고 있었고, 방 안에는 냉기가 가득했다. 거의 뜬눈으로 밤을 새우고 일어나 눈을 부비며 유리창 밖으로 신비한 무등산을 처음 대했다. 산은 높지도 낮지도 않게, 이쁜 색시처럼 다소곳하게 앉아 있는 것 같았다.

아침에 수피아학교 동산에 오르니 몇몇 학생들이 학교

문으로 들어왔다. 댕기를 길게 늘어뜨리고 같은 교복을 입고 있는 학생들을 보니 '저 학생들을 어떻게 구별할 수 있을까?' 하는 생각이 들었다. 학생들 곁으로 가만히 걸어가 곱고 부드러운 한국 여성의 피부를 처음으로 보았다.

초롱초롱한 눈망울은 완전히 나를 이방인으로 보고 있었다. 한 학생의 손목을 꼭 쥐고 "이름이 뭐지?" 하고 묻자 내 손에서 손을 뺀 학생은 나를 자세히 쳐다보더니 이름을 말하고 고개를 숙여 인사까지 했다. 한국 여성의 친절함에 새삼 놀랐다.

그러나 어떤 학생들은 교정 안에서 처음 대하는 나의 얼굴을 힐끔힐끔 쳐다보고 지나가면서 자기네들끼리 무어라고 쑥덕거렸다. 아마 '무슨 외국 사람이 아침 일찍 산책을 할까? 무슨 일을 위해 온 여자일까?' 궁금했을 것이다.

부산에 내렸을 때 싸늘한 바람에 저절로 코트 깃이 올라갔는데, 광주에서의 첫날인 12일도 무척 쌀쌀했다. 1년 내내 이렇게 추운 날씨만 계속되는 건 아닌지 은근히 겁도 났다. 다른 선교사에게 물었더니 "머지않아 이곳에도 꽃이 피는 봄이 오고, 무더운 여름도 있어요" 하고 대답했다.

나는 한국에 오기 전부터 가지고 있었던 걱정 속에 나날을 보냈다. 귀여운 어린이와 무슨 얘기인가를 듣고 싶어 하는 어른들의 맑고 거짓 없는 눈망울은 알 수 있으나 서로 말이 통하지 않아 답답하고 숨이 막힐 것만 같았다.

4월, 어쩔 수 없어 한국어를 배우기 위해 서울로 떠났다. 6월까지 2개월간 배웠으나 어른과 아이를 구별해서 해야 하는 인사법, 존댓말 등에는 아연실색, 어쩔 수 없이 실수를 저지르곤 했다.

다시 광주에 내려왔으나 어지간해서는 한국어를 하지 않았다. 하다보면 실수투성이가 되고 말았기 때문이다. 1년쯤 됐을 때 선교사회의 허락을 받아 수피아학교에서 음악을 가르치게 됐고, 학교 안에 있는 근로장학생들 감독과 기숙사 일을 맡게 됐다. 음악 시간이면 학생들은 익숙하지 못한 나의 한국어 실력을 탓하지 않고 열심히 배웠다.

2년째 되던 어느 날이었다. 학교에서 수업을 마치고 나오는데 길에서 국어를 가르치는 홍 선생을 만났다. 나는 "진지 먹었습니까?" 하고 인사를 했다. 홍 선생은 같이 고개를 숙여 인사를 해주더니 얼굴에 웃음을 띠고 지나가 버렸다. 한복을 길게 차려입고 항상 엄숙하게 걷는 홍 선생 뒷모습을 보며 내가 무슨 잘못을 했나 생각해 보았다. 홍 선생이 빙그레 웃고 지나갔으니 궁금할 수밖에?

나는 방금했던 인사를 되뇌어 보았다. '진지 잡수셨습니까?' 라고 해야 할 인사를 '먹었습니까?' 로 잘못 말했다는 것을 알고 혼자 얼굴이 붉어졌다.

한번은 전북 진안군 어느 농촌교회에 간 일이 있었다. 그곳 교인 한 사람 집에 초대됐다. 나를 끔찍이 생각한 주인 아주머니가 무엇이 먹고 싶으냐고 했다. 나는 대뜸 "남자를 좀 삶아 주시오" 하고 서투르게 말했다.

내 말이 끝나자마자 모두들 조용해졌다. 방 안에 가득한 한국 사람들이 모두들 내 얼굴만 쳐다보고 있지 않은가. 나는 부끄럽기도 했지만 무엇이 잘못되었나 생각했지만 아무 것도 생각나지 않았다. 나는 다시 "감사를 좀 삶아주시오" 하고 말했다. 그러자 금방 방 안의 조용했던 분위기가 다시 그전 상태로 돌아왔다.

이처럼 나는 어디를 가든 한두 차례씩 실수를 저질렀다. 그러나 더 어려운 일에 부딪쳤다. 내게 한국어로 설교를 하라는 것이었다. 거의 1년이 좀 지난 후였기에 한국어를 생각해 가면서 설교한다는 것은 사실 상상도 못할 정도로 어려운 일이었다.

그러나 해보라는데 어쩔 수 없었고, 또 한 번 해보고 싶기도 했다. 나는 설교할 문장을 한국어로 고친 후 그것을 외우기 시작했다. 거의 모두 외울 수 있게 되었을 때 교단 위에 섰다.

나는 천천히 내가 외워 놓은 문장을 외워 가기 시작했다. 도중에 우리 미국 이야기가 나왔다. 어떤 사람이 불쌍하게 물에 빠져 죽었다는 내용이 내 입에서 나오면서 "수중혼이 되어버렸습니다"는 얘기가 나왔다. "와－" 하고 학생들, 선생님들 모두가 웃었다. 나는 설교를 마치고는 김필례 교장 옆으로 가 조용히 물었다.

"혹시 내가 큰 실수를 저지른 것이 아니오?"

그러나 김 교장은 아무 이상 없이 잘 됐다고 오히려 칭

찬을 했다. 그러나 나는 아무래도 궁금했다. 모든 선생, 학생들이 "와-" 웃었다는 것은 분명 무슨 큰 실수를 했음이 분명하다고 생각했다. 나는 국어선생인 홍 선생이 나오기만 기다렸다. 멀리 홍 선생이 걸어 나오고 있었다. 나는 홍 선생이 가까이 오자 물었다.

"홍 선생님, 왜들 웃었습니까?"

홍 선생은 그 특유의 웃음기를 얼굴에 띠더니 대답했다.

"한자를 썼기 때문입니다."

나는 그때서야 고민이 풀렸다. 쉬운 한국말도 제대로 못하는 내가 물에 빠져 죽었다는 말을 그 어려운 한자를 써서 "수중혼이 되어 버렸습니다"라고 했으니 그들이 웃을 수밖에……. 사실 '수중혼'이란 말은 중등교육이라도 마쳐야 알 정도의 한자이다. 그런데 내가 이날 거침없이 '수중혼'을 애기한 것은 무작정(물론 뜻은 알고 있었다) 외워 버린 탓에 너무나 거침없이 나와 버렸기 때문이었다.

그 설교가 특별히 잘못되었던 것은 아니지만 그 후 오랫동안 설교를 포기해버렸다.

그 무렵 고향 오빠에게 불길한 편지를 받았다. 이미님

이 몇 주일밖에 못 사실 것 같다는 내용이었다. 내 몸도 어쩐지 쇠약해진 듯했다. 검진 결과 집에 가서 쉬어야 한다는 것이었다. 이 모든 것은 나를 다시 미국으로 돌아가지 않을 수 없게 만들었고, 결국 4년 6개월 만에 고향 땅을 밟게 되었다.

:: 수피아홀

3. 일제의 탄압 속에

나는 한국에 머무르는 동안 예쁘고 고운 이름을 얻었다. 유화례(柳華禮). 처음에는 '화' 자를 '花' 로 썼으나 좋지 않다는 한국인 친구들의 말에 '華' 로 고치게 됐다. 내 이름이 처음 '유화례' 가 된 것은 내 원명 '플로렌스 E 루트' 중 '柳' 자는 'florence' 를 해석, 꽃을 의미해서 지은 것이고 '禮' 자는 여자 이름에 흔히 붙이는 것이라서 유화례가 된 것이었다.

미국에 있는 동안 콜롬비아 대학원에 들어가 1년을 공부하고 석사학위를 얻었다. 그러나 나는 곧 다시 한국으로 돌아오게 됐다. 1년 8개월 만에 고국을 떠나 1933년 봄 다시 광주에 도착했다. 돌아오자마자 수피아학교에서는 이사회를 통해 나에게 교장 자리에 앉으라고 했다.

그러나 사실 당시의 교육 사업은 너무나 어려웠다. 한국이 일본의 통치하에 있었기 때문에 정치, 경제, 사회, 문화, 교육, 심지어 종교에도 심한 간섭이 있었다. 특히 1931년 만주사건이 있고부터 일본은 교육 사업인 학교에까지 점점 검은 손을 뻗쳤다. 도청교무과가 학교 일을 모두 담당하고 있었는데, 그 중 가장 유명한 것이 신사참배(神社參拜)였다. 모든 학교가 신사참배를 해야 한다는 것이 일본 사람들의 주장이었다.

1935년 처음 신사참배를 하라고 했을 때는 별것 아니라고 생각했다. 광주 공원에 신사(神社)를 만들어 놓고 참배토록 했던 것이다. 그때 어떤 학교는 한 학급만 형식적으로 보내 참배한 것처럼 일본 경찰이나 도청교무과를 속여오기도 했다.

1936년 9월이었다. 광주중앙초등학교에서 무슨 기념식을 한다며 학생들을 인솔하고 나오라는 것이었다. 기념식이라는 게 만주사건 5주년을 맞아 죽은 사람 제사를 지내는 것이었고 일본의 무슨 장관이 와서 강연을 한다는 것이었다.

나는 한 학급만을 데리고 가서, 식이 열리고 있는 강당 2층으로 올라가 보았다. 그러나 기념식이 아니고 자기 나라 죽은 사람들에게 제사를 지내라는 것이었다. 그 제사가 끝나면 강연이 있다고 했다. 그 같은 제사에는 우리가 참여할 필요가 없다고 생각했다. 나는 학생들을 데리고 학교로 돌아와 버리고 말았다.

나중에 도청교무과는 우리 학교, 특히 나를 설득시킬 것을 궁리한 끝에 우리 학교에 있는 일본인 선생 2명(일본어 교사)을 불렀다. 도청교무과에서는 두 선생에게 나를 설득시키라고 지시한 모양이었다. 그러나 당시 우리 학교에 와 있는 일본인 교사들은 무척이나 좋은 사람들로 내게 별다른 얘기를 하지 않았다.

나중에 그들은 더 기가 막힌 짓을 하게 했다. 일본 동경을 향해 절을 하라는 것이었다. 처음 그 지시가 내려왔을 때 '이것이 무엇을 뜻하는가?' 궁금했지만, 따르려고 했다. 또 도청교무과의 비위를 거스르기 싫어서 그들이 우리를 믿게 하기 위해 지시대로 따라주었다.

그러나 가만히 생각해보니 민주주의와 관계 있는 것도 아니고 양심도 허락하지 않아 결국엔 못하겠다고 했다. 이처럼 여러 가지 일에 일본의 요구대로 해주지 않자 우리 학교에 대한 압력이 점점 노골화되어 갔다.

1936년 가을 드디어 선교사회의가 열려 학교 문제가 논의되었다. 모든 선교사들의 얘기가 도저히 학교를 그대로 놔둘 수 없다는 것이었다. 그러나 폐교 문제를 결정짓지는 못했다.

그런데 11월 20일 일본 명절을 맞아 학교가 쉬는 날이었다. 당시 일본 명절에는 학교나 관공서가 꼬박꼬박 쉬었으나 한국 명절에는 서너 번 큰 명절을 제외하곤 어림도 없었다. 집 앞에서 사람들의 웅성거리는 소리와 시끄러운 여자 목소리가 들렸다. 문을 열고 나가 보니 우리 학교 학생 160여 명이 마당에 둘러앉아 있지 않은가.

"무슨 일로 이처럼 몰려오게 되었느냐"고 물었다. 그러자 거의 모든 학생들이 동시에 "폐교한다니 어떻게 된 일이에요?" 하며 따졌다. 금방 대들 것 같은 무서운 분위기가 감돌았다.

학생들은 내가 확실하게 대답을 해주지 않자, 차분히 주저앉아 모두들 나를 노려보는 것이었다. 그들은 계속 "어떻게 된 것이냐? 왜 폐교를 시키려 하느냐"며 물러설 기미가 없었다.

내가 "어떻게 할 셈이냐"고 하자 여러 학생이 일어났다. 그들은 "폐교하지 않는다고 약속해 달라"는 것이었다. 그 말을 들을 때까지 물러서지 않을 것 같았다.

해가 지고 땅거미가 찾아들었다. 초겨울의 날씨라 으스스 춥기까지 했다. 그럼에도 그들의 혈기는 대단했다.

캄캄한 밤이 되어도 그들은 물러설 줄 몰랐다. 일어서서 돌아가는 학생도 없었다. 학생들은 마당에 포개다시피 하고 앉아서는 전혀 풀 것 같지 않았다. 내 입에서 폐교하지 않는다는 말이 떨어지기 전에는 하루도 이틀도 버틸 기세였다.

그러나 나는 학생들에게 거짓말을 할 수는 없었다. 학교의 폐교 문제가 시시각각 다가오는데 “절대 폐교하지 않겠다”고 어떻게 장담하며 얘기할 수 있단 말인가? 이러지도 저러지도 못하고 추위에 떠는 학생들이 감기에나 걸리지 않을까 걱정하고 앉아 있는데 김필례 선생이 달려왔다.

김 선생은 “다른 선생이 이 데모를 뒤에서 조종하고 있는 것 같다”고 했다. 그러나 그게 중요한 문제가 아니었다. 추위에 떨며 버티고 앉아 있는 학생들을 설득시켜 집으로 돌려보내는 것이 가장 시급했다. 우선 방으로 들이기로 하고 학생들을 설득했다. 우리 집은 방마다 학생들로 꽉 찼다.

방에 들여놓고 “아직 확실하지 않다. 우리도 문을 닫는 것을 원치 않는다”며 설득했으나 막무가내 말을 듣지 않았다. 겨울밤이라 길기도 했다. 그토록 오래 학생들과 무언의 대치를 계속했으나 좀체 시간이 흐르지 않았다.

4. 신사참배 거부

김필례 선생이 설득에 나섰다. 학생들은 처음에는 설득에 응하지 않고 완강했으나 밤이 깊어감에 따라 열기가 점점 식었다. 12시가 가까워지면서 하나 둘씩 일어나더니 김 선생이 다시 설득하자 약속이나 한듯 모두 돌아갔다. 그 일이 있은 후 학교는 항상 살얼음을 밟는 듯했고, 금방이라도 일이 터질 것 같은 분위기였다.

그럭저럭 3개월이 지났다. 1937년 2월 선교사회본부

(미국)에서 총무가 오고 광주, 목포, 군산, 전주 등 학교 대표가 전주에서 모였다. 그런데 학교 선생 1명이 전주까지 몰래 따라왔다가 내가 회의를 끝내고 광주에 돌아오기도 전에 도청교무과 사람과 밀통했음이 나중에 밝혀졌다. 그 사람은 우리 모임의 취지, 결정사항 등을 교무과에 알렸으리라.

우리는 전주회의에서 사태의 심각성에 대해 오랜 시간 논의했다. 특히 학교 폐교 문제는 가장 큰 문제로 여러 얘기가 오갔다. 그중에서도 확실한 사항들이 결정됐다. 가장 큰 것은 교육을 받으며 믿는 사람에게 신사참배란 있을 수 없다는 결정이었다.

그래서 첫째, 3월 31일까지 수업은 끝마치고 둘째, 남아 있는 1, 2, 3학년은 무슨 방법을 써서라도 교육을 마칠 수 있도록 하며 셋째, 입학생은 받지 않기로 했다.

또 하지 않기로 결정된 사항인 신사참배를 일본인들이 계속 강요할 때는 폐교할 것을 결의사항으로 정했다. 이 같은 결정사항들은 영문(英文)으로 프린트되어 회의에 모인 교장들에게 배부됐다.

나는 결정사항이 프린트된 서류 뭉치를 들고 광주에 왔다. 내가 학교에 도착했을 때 학교는 온통 술렁술렁했다. 교장실에 들어섰을 때 "학생들이 강당에 모여 기다리고 있습니다" 하고 어떤 선생이 알려줬다. 학생들은 내가 그때쯤 돌아올 줄 알고 나를 기다린 것이다. 학생들은 회의 내용 보고를 요구하고 있었기에 오후 6시까지 번역을 마쳤다. 번역은 당시 교감이자 영어에 능통한 김필례 선생이 맡았다.

번역이 끝나 나는 김필례 선생과 함께 교단에 섰고 선교사회의 내용은 김 선생이 읽을 참이었다. 그때 어떤 학생 하나가 불쑥 일어났다. 그 학생은 대뜸 "교장이 한번 읽어보시오" 하고 고함을 쳤다. 나는 천천히 일어나 "김 선생이 읽도록 하지 못하면 나는 도저히 할 수 없다. 나는 어쩔 수가 없다"고 대답했다.

김 선생이 다시 교단 위에 올라섰다. 김 선생은 엄숙하면서도 천천히 읽어 내려가기 시작했다. 강당은 찬물을 끼얹은듯 조용해졌다. 학생들도 쥐죽은 듯 조용히 김 선생의 얼굴만 쳐다보고 결정사항을 듣고 있었다.

김 선생이 결정사항을 읽어가는 동안 다시 싸늘한 분위기가 감돌았다. 드디어 김 선생의 결정사항 낭독이 끝났다. 끝나자마자 분위기는 곧 고함이라도 터질 듯 팽팽해졌다. 김 교감이 교단에서 내려오자 나는 강당을 나가기 위해 일어섰다. 그때 학생들의 눈은 모두 일어선 내게 집중됐다. 모두들 눈동자가 날카롭게 움직이고 있었다.

웅성거리던 학생들이 내가 가는 길을 막고 섰다. 처음 몇몇 학생들이 나와 김 교감을 둘러싸버렸다. 학생들 속에서 바로 "그 결정은 따를 수 없다. 죽어도 그 결정은 따를 수 없다. 죽어도 그 결정에 반대해야 한다"는 외침이 들려왔다. 나는 털썩 의자에 주저앉고 말았다. 학생들을 다치게 할 수도 없고 학생들과 실랑이를 벌여 뚫고 나갈 수도 없다는 생각에서였다.

여기저기서 학생들의 조그마한 함성이 들려왔다. "입학생을 받는다고 약속하라.", "우리는 어디로 갈 것이냐." 학생들의 분노에 찬 외침은 쉽게 가라앉을 것 같지 않았다.

일부 선생들은 선생들대로 모여 의논하고 학생들을 설득시켰으나 선생의 설득을 들을 분위기가 아니었다.

나는 고개를 숙인 채 오랜 시간 이 생각 저 생각을 했다. 당장 그 삼엄한 분위기, 학생들의 분노에 찬 눈초리를 달랠 만한 묘책이 서지 않았다. 마음은 답답하고 이 어려움을 어떻게 해결하느냐 하는 생각으로 이 길도 저 길도 결정짓지 못하고 갈팡질팡하고 있었다.

'학생들을 윽박지를 수는 없다. 죄 없고 꽃다운 학생을 다치게 할 수는 더욱 없다.'

나는 곧 울음이 터져 나올 것만 같았다. 학생들의 외침은 식을 줄을 몰랐다. 쉽사리 식으리라고는 생각할 수 없었다. 나는 곧 터질 것 같은 울음을 입술을 깨물며 꾹 참았다.

'절대 울음을 보일 수는 없다.'

긴 한숨을 쉬어 보았다. 그때 하나님의 말씀이 떠올랐다. 하나님을 의지하는 사람에게는 평화를 주신다는 말씀을 맘속으로 외고 또 외었다. 마음이 다시 약해지면 다시 그 말씀을 되뇌었다. 이때 선교사 1명과 김창국 목사, 주형옥 상도(당시)의 얼굴이 바로 내 옆 유리창에 비쳤다.

울음이 터질 것 같았던 내 얼굴에 다소나마 안도감이

감돌았으리라. 나는 곧 안정을 찾을 수 있었다. 얼굴뿐이었지만 나에게 커다란 힘이 된 것이다. 이들이 강당에 들어오지 못하고 밖에서 얼굴을 비친 것은 안으로 들어오다가는 학생들과 충돌을 일으켜 험악한 사태가 벌어질지도 모르기 때문이었다.

당시 선교사들은 모두 광주 양림기장교회에 모여 우리와 학교의 안전을 빌다가 소식을 전해 듣고 달려온 것이다. 그들은 자주 그 유리문으로 나를 번갈아 보고 갔다. "우리가 왔다"는 시위와도 같았다. 그러다가 그들은 학생들이 조금 잠잠해진 틈을 타고 강당 안에 발을 들여놓았다.

그러나 학생들은 별로 신경을 쓰지 않는 것처럼 보였다. 예상 외였다. 하지만 우리를 향한 외침은 더욱 높아가고, 나중에는 거의 악을 쓰다시피 했다.

김 목사와 주 장로가 천천히 내 옆으로 학생들을 비켜 들어오자 학생들이 움직였다. 그러나 김 목사와 주 장로의 길을 강력하게 막아서지는 않았다. 다행이었다. 나는 행여나 학생들과 부딪칠까봐 '부딪치면 차라리 나가줬으면……' 하는 생각뿐이었다.

김 목사와 주 장로가 내 곁에까지 무사히 도착했을 때 나는 안도의 숨을 길게 내쉬었다. 이들은 아무 얘기도 하지 않고 조용히 내 옆에 와서 앉았다. 한참 동안 무거운 침묵만을 지키던 김 목사가 일어났다.

5. 고마운 밤 12시

김 목사는 무엇인가를 얘기하려 했다. 학생들의 웅성거림이 커졌다. '김 목사의 얘기는 듣고 싶지 않다'는 투였다. 어쩔 수 없는 일이었다. 김 목사는 말 한마디 못하고 그대로 주저앉고 말았다. 이때다. 주 장로가 자리에서 천천히 몸을 일으켰다. 학생들은 김 목사가 일어설 때보다 더 떠들썩했다. 금방 누군가가 튀어나와 주 장로에게 달려들 것만 같았다.

주 장로는 완전히 자리에서 일어났다. 그러나 입은 열지 않았다. 아예 입을 열려 하지 않고 그저 장승처럼 꼿꼿이 서서 학생들의 눈을 쳐다보기만 했다. 꽤 긴 시간 학생들과 주 장로의 눈[目] 싸움이 계속됐다. 점차 학생들의 입은 다물어졌다.

'저 장승에게서 무슨 얘기가 나올 것인가. 말을 할 것인가 안 할 것인가?' 그저 궁금하기만 한 눈초리로 주 장로의 얼굴만, 아니 입만 쳐다보고 있었다.

그렇게 시끄럽던 강당 안은 어느새 쥐 죽은 듯 고요해졌다. 학생들의 숨소리만이 별나게 크게 들렸다. 그래도 주 장로는 입을 열지 않았다.

"저 사람은 대체 무슨 말을 하기 위해 저렇게 오래 서 있어?"

학생들의 궁금함이 은근한 분노로 변하려 했다. 학생들이 다시 웅성거리려 할 때였다.

"이 학교는 내 모교와 같습니다. 여러분의 학교를 사랑하고 아끼며 배워야겠다는 의지와 신념에 머리를 숙입니다. (중략) 지금 교장선생님께서는 무척 피곤해 있습니다.

나는 이 자리에서 교장선생님이나 여러분 똑같이 학교를 지켜야겠다는 일념에 불타고 있다는 것을 알았습니다."

주 장로의 얘기가 그렇게 막 끝나는 순간 "우리도 피곤합니다" 거의 동시에 나오는 소리였다. 주 장로의 얘기에 다소 분위기는 숙연해질 듯했으나 물러설 것 같지는 않았다.

어느 학생 하나 길을 트려 하지 않고 그대로 버티고 있었다. 학생들의 행동이 조금도 누그러지지 않았다. 주 장로가 내게 고개를 돌리더니 "회의를 해서 다시 번복할 수 없는 것이오?" 하고 회의 결정사항을 번복해주기를 바랐다.

나는 마음속으로 도저히 있을 수 없는 일이라고 생각했다. 나는 거침없이 "다시 해도 소용없습니다. 아무리 해봐도 똑같은 결론밖에 얻지 못할 것입니다" 하고 대답했다. 오죽 답답했으면 주 장로가 회의 결정사항을 번복하도록까지 얘기했겠는가.

결국 주 장로의 학생을 향한 호소는 학생들의 마음을 약하게는 했을지 몰라도 행동에는 변화를 가져오지 못했다.

학생들과 대치한 지 무려 3시간, 밤은 깊어오고 냉기가 강당 안을 엄습해 들어와도 학생들의 태도는 완강했다.

침묵과 설득 속의 대치가 계속되다 결국 밤 12시가 가까이 왔을 무렵 학생들은 여기저기서 수군거리기 시작했다. 아마도 밤은 깊어가 12시가 다 되는데 어떻게 하면 좋겠는가를 자기네들끼리 의논하고 있는 모양이있다. 나는 '이제야 풀려나나 보다' 라고 긴 한숨을 내쉬었다.

아니나 다를까 12시가 얼마 남지 않자 학생들은 일어나기 시작했다. 앉은 학생은 일어나고 나를 둘러싸고 있던 학생들은 누가 말하지도 않았는데 사슬을 풀었다.

나는 그 학생들 틈을 빠져나오면서 머릿속이 더 무거워지기 시작했다.

'이 사태를 어떻게 수습할 것인가? 내일도 모레도 이 같은 사태가 벌어지지 않으리라고 누가 장담할 것인가?'

나는 머리를 흔들어 보면서까지 고민에서 헤어나오려 했지만 좋은 생각이 떠오르지 않았다. 학생들의 요구를 무자정 따를 수도 없는 일이 아닌가.

선교회의 결정사항을 번복한다는 것은 사실상 거의 불가능한 일이었기 때문이었다. 선교회의 결정사항을 번복하기는 바라지도 않았고 어떻게 해서라도 학생들을 설득시키는 길밖에 없을 것 같았다. 왜냐하면 선교회의 결정사항 자체가 기독교 학교로서는 어쩔 수 없이 당연한 일이고, 생각하면 할수록 일본인들이 요구하는 신사참배란 못할 일이었다.

내 방으로 돌아오면서 밤 12시는 참 고마운 시간이라는 생각이 들었다. 지금까지 벌써 두 차례나 밤12시가 데모, 농성 학생의 분노의 아우성 속에서 나를 구해주었지 않았는가? 나는 시간의 흐름으로 12시가 가까워오지 않았다면 몇 시간이고 갇혀 있을 수밖에 없지 않은가. 새삼 고마운 밤 12시였다.

나는 다음날 학생들의 동태를 살폈다. 교장으로서 날마다 학생들의 움직임을 돌아보는 게 당연한 일이겠지만 행여 또 다시 어제와 같은 사건이 일어나지 않을 것인가, 오늘의 움직임은 어떤 것인가 알아보고 싶었다. 어제의 사건이 오늘 또 다시 일어나지 않는다고 누가 보장할 것인

가. 실제 학생들의 움직임도 평상시와는 완전히 달랐다.

교실 여기저기에서 모여 무엇인가를 의논하다가 내가 보면 아무 일도 없었던 것처럼 오히려 나를 쳐다보기도 했고, 교실 밖 담벼락 등에서도 5~6명씩 학생들이 모여 자기네들끼리 무엇인가를 논의하고 있었다. 그럭저럭 무사히 며칠이 지났다. 그러나 학교 수업은 제대로 되지 못했다.

이 같은 사태가 학교에서 벌어지자 도청교무과에서도 날카롭게 신경을 쓰고 있었다. 우리 학교의 움직임으로 보아 폐교도 단행할지 모른다고 생각하며, 귀추가 주목되었던 모양이었다. 교장인 나나 김필례 교감이 학생들에게 굴복하기를 은근히 바라고 있는지도 몰랐다.

그러나 우리는 학생들이 신사(神社)에 나가 참배하도록 하는 것은 도저히 있을 수 없는 일이며, 어떻게 해서라도 학생들을 설득시켜 학교를 계속 열어야 한다는 생각이었다.

졸업식이 가까워 오고 있었다. 우리는 선생들과 논의 끝에 졸업식장에서 무슨 일이 일어날지 모르니 졸업식 행사를 하지 않기로 결정했다. 4년 동안 학교를 다니고 졸업식도 없이 학교를 떠난다는 것은 서글픈 일이었다.

나는 가슴이 아팠다. 귀여운 눈망울의 학생들이 졸업식도 없이 학교를 떠난다면 나중에 얼마나 학교를 원망할 것인가. 모교에 대한 정이 사라지지 않을 것인가. 나는 교장으로서 이때처럼 깊은 고민에 빠져 본 일이 없었다. 교장실에 앉아 하나 둘씩 학생들이 졸업식도 없이 졸업장을 옆구리에 끼고 학교를 돌아보고 또 돌아보고 떠나는 것을 바라보고 있었다.

:: 수피아여고 전경

6. 첫 폐교의 쓰라림

어느 날 학생 2명이 찾아왔다. 무엇인가를 내게 긴밀히 알리기 위해서 온 것처럼 보였다. 그들은 내게 가까이 오더니 "선생님 3명이 데모를 뒤에서 조종하고 있습니다" 하고 말해주었다. 나는 선생 개인은 싫지도 않고 놓치고 싶은 생각이 없었으나 학교의 안정을 되찾기 위해서는 어쩔 수 없이 사표를 받아야겠다고 생각했다.

나는 정식으로 사표를 내달라고 요구했다. 그런데 이

건 또 무슨 반응인가. 사표를 도저히 낼 수 없다는 선생들의 강경한 태도에 부딪쳤다. 그렇다고 미지근하게 물러서서 선생들을 그대로 눌러앉게 할 수는 없는 일이었다.

나도 단호하게 나갔다. 나는 "배후에서 데모를 조종한 선생님들이 물러서지 않으면 수업을 계속할 수 없다"고 했다. 그래도 선생들은 학교를 떠날 것 같지 않았다. 나는 참다못해 그들이 나가지 않으면 학교 문을 열지 않기로 했다. 그러나 그것도 소용없는 일이었다. 3월이 지나고 4월이 와도 선생들은 그대로였다. 나는 어서 빨리 학교 문을 열어야겠다는 생각뿐이었다.

하지만 도청교무과에서 전혀 돕지 않아 광주에서는 어떻게 될 것 같지 않았다. 나는 노나복 선교사(목사)에게 서울로 가서 이 사실을 알려 해결을 지어보자고 했다. 그래서 서울중앙청 교육과에 들어가 우리 학교 문제에 대해 얘기했다.

사정 이야기를 마치고 우리는 도저히 개학을 못하겠으니 데모 주동 교사 3명을 조치해 주기를 바랐다. 우리 이야기를 듣던 교육과에서는 쉽사리 누그러질 것 같지 않자

"광주로 돌아가시오. 광주에 가 지사에게 찾아가시오" 하고 우리를 돌려세웠다.

광주에 돌아와 보니 정말 지사가 학교일의 중재에 나서 3명의 교사들에게 학교를 떠나도록 종용했다. 선생들은 이젠 어쩔 수 없다고 생각했던지 지사의 종용 후에는 곧 떠났다.

하지만 신생 3명 때문에 학교 문이 열리지 않은 채 기의 1개월 동안 학생들이 집에 있게 되자 불안함을 느끼고 너도나도 학교를 떠나가고 말았다. 5월 1일 드디어 개학을 했지만 3, 4학년 학생들은 이미 다른 학교로 옮긴 후였다.

또다시 신사참배 문제가 여기저기 학교에서 말썽이었다. 공립학교에서는 일본 천황과 그의 부인에게 절을 하도록 했다. 그리고 어느 학교나 비슷했지만 그들의 사진을 강당에 걸어놓았다. 액자 속에 든 사진은 항상 종이로 덮여 있었다. 절을 할 때도 종이를 걷어 올릴 수 없었다. 우리 학교는 사진은 걸어놓았지만 절은 하지 않았다.

일본인들의 말인즉 함부로 그 얼굴을 볼 수 없으며, 특히 보통사람은 보면 안 된다는 것이었다. 그리고 공원에 있는 신사에는 특별한 예식이 있을 때만 가서 참배하도록 하고 평상시에는 학교에 마련돼 있는(보통 강당) 사진 앞에 절하는 참배 형식을 갖추도록 했다.

그리고 참배도 처음 시작할 때는 공무원이나 공립학교만 하도록 했으나 점차 사립, 종교계 사립학교까지 확대했다. 나중에는 그것이 일반 국민에게도 강요됐고, 급기야 목사들에게까지 참배를 하도록 요구하는 것이 아닌가. 기가 막힐 노릇이었다.

어떤 목사들은 도저히 할 수 없는 일이라고 버텼다. 그들은 고난을 겪으면서도 결국 참배를 하지 않았다. 감사한 일이었다.

점차 탄압이 노골화되고 일본인들은 참배를 거부한 목사들을 막무가내 감옥에 처넣었다. 참배를 거부한 목사들은 일본인들이 신으로 받드는 일본 천황(아아테라스오미가미)을 도저히 받들 수 없었다. 참배는 일본의 종교 예식으로, 구주 되신 하나님께 죄를 짓는 것이 되기 때문이었다.

일본인들은 어디를 가나 높은 지대에 신사(神社)를 만들이 놓고 참배토록 했다. 신사를 만들면 근방에서 그보다 높은 곳에는 일체 어떤 건물도 못 짓게 했다. 신사보다 높은 것이 있을 수 없다는 것이었다. 장성(長城)의 경우도 광주(光州)에서 넘어가면 읍내 높은 곳에 신사를 만들어 거기를 지나는 사람이면 누구나 볼 수 있었다.

9월이 왔다. 학교마다 참배하는 시간이 달랐다. 보통 아침, 낮, 저녁으로 구분했다. 개교를 한 지 얼마 안 된 숭일학교는 당시 설립자 노나복 목사(교장은 필자)가 맡고 있었다.

숭일학교의 경우 아침 예배를 마치고 일본인들 방식으로 애국심을 부르는 예식을 끝내면 신사로 가서 참배를 해야 한다. 9월 참배일, 예식이 끝나자마자 노나복 목사가 나오더니 학생들에게 "모두들 교실로 들어가 공부하시오" 하고 학생들의 신사참배를 막았다.

그때 일부 선생들은 오히려 학생들에게 신사로 가자고 하며 학생들을 데리고 나가버렸다. 얼마 지나 참배를 마친 학생들이 학교에 도착하자 노 목사는 학교의 정문을 굳게 닫아버렸다.

노 목사는 폐교까지 불사하겠다며 신사참배를 하고 온 학생들을 학교 안으로 받아들이지 않았다. 그 상태로 시간이 흐르자 도청교무과에서 사람이 왔다. 그들은 노 목사에게 "학생들이 안으로 들어가 책가방만 가지고 나가게 해달라"고 통사정을 했다. 학생들이 조용히 들어갔다 나오도록 책임을 지겠다는 것이었다. 노 목사는 그렇게 하도록 허락했다.

이 같은 일이 우리 학교에서도 같은 날 오후 일어나고 말았다. 일부 학생과 교무과의 야합이 이루어져 선생 2명과 학생 2~3명 외에 모든 학생들이 신사참배를 하기 위해 학교 문을 나섰다. 나의 마음은 천 갈래 만 갈래 갈피를 못 잡고 있었다. 엄청난 일이 닥쳐올 것만 같은 긴박한 순간이었다.

'저 학생들이 참배를 하고 돌아오면 어떻게 할 것인가?'

그러나 나의 마음은 이미 확실한 결정을 내리고 있었다.

선교사 회의의 결정사항대로 할 수밖에 없었다. 참배를 위해 학생 대열이 교문을 나선 후 나는 깊은 생각에 잠겼다. '이제 끝장이구나' 하는 아픈 마음이었다. 나는 학생들이 돌아올 시간쯤 되어 학교 문을 닫았다.

"참배를 하고 이 학교에 들어올 수는 없다."

학생들이 학교 정문에 도착했다. 처음에 그들은 영문을 몰라 어리둥절해했다.

7. 국어 말살……폐교

개교 이래 29년의 전통을 와르르 무너뜨린 신사참배였다. 참배를 마치고 학교에 돌아온 학생들은 이미 학교 문이 닫혀 있으리라고 예상했을지도 모른다. 참배를 하러 가기 전 몇몇 학생대표를 부른 도청교무과는 "모든 책임은 우리가 지겠다. 참배를 하면 학교 문이 닫힐지도 모른다. 그러나 학생들은 다른 학교로 보내서라도 공부는 계속할 수 있도록 하겠다"고 말했기 때문이다. 1백여 명에 불과한 학생들 중 몇몇을 제외하고 이미 학교 문이 닫혔을 것을 각오하고 돌아왔을 것이다. 결국 도청교무과 직원이 찾아왔다.

숭일학교에서와 마찬가지로 "학생들이 책가방만 가지고 나가게 해달라"고 사정을 했다. 그것조차 허락하지 않을 수는 없는 일이었다. 허락을 해주었더니 학생들은 조용히 각자 교실로 들어가 하나 둘씩 책가방을 들고 교문을 나섰다. 어떤 학생은 고개를 떨구고 무엇인가 학교에 미련을 버리지 못하는 걸음이었다.

아직 어린 1, 2학년 중에는 내일 다시 학교에 나올 수 있으리라고 생각하는 것처럼 평상시 하교길의 걸음이었다. 일부 학생들은 이 길이 수피아와 마지막이라고 생각하지 않았고, 머지않은 날에 복교가 되리라 생각했다. 그러나 그것은 잘못된 판단이었다.

다음날부터 굳게 닫힌 학교 문은 열릴 줄을 몰랐다. 선생 몇 사람이 학교에 나와 교무실에서 서성거리다가 돌아갔다.

29년 동안 여성 교육의 요람으로 많은 신여성을 배출

해낸 수피아가 이제 정말 문을 닫게 된 것인가.

'교장으로서 할 바를 다했는가. 수피아를 떠난 나의 귀여운 딸들이 정말 한 명도 빠짐없이 다른 학교에라도 들어가 공부를 마칠 것인가?'

나의 머리는 천근만근 무거운 생각에 짓눌렸다.

나는 집에 돌아와 조용히 기도를 올렸다.

"폐교가 하나님의 뜻인 줄 알고 기꺼이 따르겠습니다. 비록 학교는 폐교됐으나 하나님께 순종하는 것은 세상에서 어떤 칭찬이나 명예를 얻는 것보다 귀중한 것으로 알겠습니다."

어찌 교장으로서 학교 문을 닫는 것이 달갑겠는가. 일본인의 간섭, 탄압을 견디다 어쩔 수 없었다고 자위도 해보았다. 4년 5개월의 교장 생활이 끝났지만 영영 수피아를 떠날 수는 없다는 생각이 들었다. 너무나 애착과 미련이 많았다.

그럼에도 나는 하나님께 감사했다. 수피아가 29년 동안 길러낸 수피아인이 이곳저곳에서 얼마나 보람된 일을 하고 있는가 생각하니 감사의 기도를 드리지 않을 수 없었다. 일제의 압제하에 있는 대한민국, 좁게는 전라남도를 위해 얼마나 보람된 일을 하고 있는가.

학교선생, 고아원 원장, 여전도회, YMCA 등에서 조국의 해방을 위해 기도하고 있고 불쌍한 이웃을 위해 몸을 바치고 있는 수피아인들이 얼마나 많은가. 나는 흐뭇하기도 하고 너무 서글퍼할 필요가 없다고 생각했다.

나중에 안 일이지만 수피아가 문을 닫게 되자 도청교무과에서는 학생들을 모두 다른 학교에 넣어 공부를 계속할 수 있도록 조치를 내렸다고 했다. 무척 다행이라고 생각했다. 그들이 학업을 중단하게 됐다면 수피아를 얼마나 원망할 것인가 생각하니 더욱 다행이라 여겨졌다.

나는 가끔 학교 가까이 가보곤 했다. 굳게 닫혀 있는 정문.

'저 문은 언제쯤 다시 열릴 것인가. 영원히 열리지 않을 것인가.'

닫힌 정문을 볼 때마다 초롱초롱한 눈망울로 선생의 강의를 듣던 학생들이 언뜻언뜻 떠올랐다.

학교를 찾을 때마다 풀은 더욱 무성하게 운동장을 덮

었다. 학생들이 책가방을 메고 드나들던 정문도 길옆에서 돋아난 잡초가 점점 가운데로 들어오고 있었다. 폐교의 쓰라림이 하루아침에 없어질 수는 없었다. 수피아가 항상 머리에서 떠날 줄 몰랐다.

1년이 지났다. 나는 그동안 시골을 찾아다니며 전도 사업에 열을 올리고 있었다. 수피아가 점차 잊힌 것 같아 때로 '사람이면 어쩔 수 없는 것인가' 혼자 생각도 해보았다.

1939년 여름, 모든 것을 마음대로 해오던 일본인들은 한국 사람들의 입까지 막으려들었다. 어린 초등학생에서부터 모든 학생들은 일본어만 배우고 한국어는 배우지 못하도록 했다.

한국의 국어를 없애버리려 한 것이다. 우리에게도 은연중 여러 얘기가 들려왔다. 나중에는 선교사들도 전도하려면 일본어를 배울 수밖에 없다는 얘기가 나왔다. 일본인들은 일본어 선생을 초청해 가르쳐주겠다고 했다.

그래서 여기저기 나와 있던 선교사들이 화진포에 모였다. 광주에 있던 선교사들은 지리산으로 많이 들어갔다.

나는 화진포로 갔고 거기서 성결교회 선교사들이 초청해서 남아프리카에서 온 여자를 만났다. 그해 여름 광주 선교사들의 동의를 얻어, 그 사람을 세워 특별집회를 가졌다.

그런데 1939년 2학기부터는 거의 강제적으로 학생들은 무슨 과목이나 일본어로 배워야 하는 민족의 설움을 겪게 됐다. 자기 나라말을 놔두고 이웃나라 일본어를 강요, 그것도 갖가지 입박을 받으면서 배워야만 했다.

1940년 미국영사관에서 갑자기 소식이 왔다. 가능한 한 빠른 시일 안에 본국으로 돌아가라는 것이었다. 선교사들은 모두 모여 장래 문제를 의논했다. 70~80명의 선교사들이 모두 떠나기로 결정했다. 그러나 나의 마음은 어떤 결정을 내리지 못하고 있었다. 나는 하나님의 뜻이 어디에 있는지를 알고 싶었다.

오랜 시간의 기도가 끝나고 어떠한 고난이 있더라도 광주에 남는 것이 하나님의 뜻임을 깨닫게 되었다. 마음속에 평안을 되찾을 수 있었고 신변의 위험에 대한 염려도 커지지 않았다.

광주에는 나 외에 타마자 목사 내외, 토마리아 선생이

남게 되었다. 다른 지역의 선교사들은 대부분 본국으로 떠났고, 평양신학교 쿠레인 목사, 순천의 어떤 의사, 애양원 원장 내외 등만이 한국에 남았다.

나는 어디를 가나 오로지 전도 사업을 계속했다. 그러면서 또 세월은 흘렀다. 1941년 봄 3, 4, 5, 6월은 순천 애양원에 머물렀다. 나병환자들과 어울려 그들을 위해 기도하는 생활이 계속됐다.

:: 광주 수피아여중 · 고 본관 신축 공사장 앞에서 제자들과 함께(1935년)

8. 일경 감시 대상에

애양원에서 나는 환자들을 돌보기도 하고 어린아이들을 가르치기도 했다. 함께 간 토마리아 선생과 나는 애양원에서 환자가 낳은 귀여운 아기 한 명을 만났다. 나병이 2년 이내에는 옮지 않는다는 판단으로 광주에 데려가 길러보기로 했다. 6월 광주로 올라오면서 우리 일행은 아기를 데리고 왔다. 아직 이름조차 없는 갓난애였는데, 아기 이름을 진주라고 지었다.

처음에는 우리가 아는 사람 중 믿음이 두터운 아주머니 한 분에게 필요한 경비와 보수까지 따로 주며 맡아 길러 줄 것을 요청했다. 그분은 쾌히 승낙했고 아기는 아주 건강하게 자랐다. 귀엽고 고운 눈망울에 '어디를 봐서 저 애가 나병환자의 아이인가?' 하고 묻고 싶었다. 진주는 아주 건강하게 자랐으며 우리는 진주가 알아야 할 여러 가지를 가르쳐 주기도 했다. 진주가 가능하면 따뜻한 어머니의 품 안처럼 느끼며 커갈 수 있도록 해주고 싶었다.

진주는 자라 나중에 주일이면 우리가 있는 곳까지 놀러 오기도 했다. 나와 토 선생은 다른 아이 하나를 더 보내주었으면 했다. 얼마 후에 순천에서 부모가 다 있는 어린아이 하나를 데리고 왔다. 부모가 다 나병환자였다.

우리는 그 아이를 이삭이라고 불렀다. 이삭이 올 때는 10월쯤이었다. 우리는 이삭이 두 살 되었을 때 대구에 부모 곁을 떠난 어린아이들을 수용하는 고아원이 있다는 소식을 듣고 일본 형사의 허락을 받아 데리고 갔다.

밤에 도착한 우리는 다른 아이들과 어울리게 하기 위해 그날 밤 이삭을 그 애들과 자게 했다. 이삭에게는 낯선 곳에서의 첫날밤이었다. 다음날 아침 귀여운 이삭이 별일 없이 잘 잤는지 또 마지막으로 손이라도 잡고 싶어 가까이 다가갔다. 이삭은 우리를 보자마자 달려왔고, 나에게 달라붙으면서 엉엉 울어버렸다.

낯선 하룻밤이 얼마나 상처가 되었으면 이럴까? 울며 떨어지지 않으려는 이삭을 놓고 올 수가 없을 것 같았다. 그러나 우리는 굳게 마음을 먹었다. 가능하면 다른 어린 아이들과 어울려 마음껏 뛰놀게 하고 싶었다.

돌아서는데 눈물이 핑 돌았다. 거의 3년 동안을 함께 지내 왔는데, 친자식을 보내는 어머니의 가슴처럼 마음이 아팠다. 뒤돌아보고 다시 돌아보고 그 고아원이 보이지 않을 때까지 발걸음이 무겁기만 했다. 광주시로 돌아오면서도 마음이 무겁기만 해 우리는 거의 입을 다문 채로 왔다. 이삭은 내가 맡아서 기른 아이였기에 더욱 그랬는지 모른다.

우리 일행은 광주에 도착했고, 곧 경찰에게도 무사히 도착했음이 알려졌다. 우리가 신고한 것은 아니었지만 바로 형사가 우리 집을 찾아와서 알게 되었다.

당시 우리는 일본 형사들의 사찰 대상이었는지 어디를 가나 행적이 보고됐고, 1941년 6월부터는 광주시내 외에는 허락을 받지 않으면 전도 사업을 나갈 수 없게 되었다.

1941년 6월 '주거제한' 조치가 내려지기 전 일이다. 나는 가는 곳마다 일본 경찰에게 감시의 눈초리를 받으면서도, 구주 하나님의 딸로서 어떠한 고난을 겪더라도 하나님의 말씀을 전해야 한다는 생각을 했다.

특히 나는 한국의 농촌에 나갈 때마다 이곳이야말로 하나님의 은혜가 필요하다는 생각으로 이리 뛰고 저리 뛰었다. 그 구수한 한국의 농촌을 나도 모르게 좋아하게 된 것이다. 전도한다는 것은 우리가 하나님을 모르는 사람들에게 믿을 기회를 주는 것이고, 하나님께서 그의 마음속에 들어와야 하는 것이다.

1940년 여전도사와 함께 담양군 무정면에 나갔다. 우리는 선수를 쳐서 미리 우리의 행방을 일본 경찰에 알려 간섭이나 말썽을 방지하기 위해 지서에 들어갔다. 그러나 그것이 오히려 잘못이었다. 나무의자에 큰 몸집을 부비적거리며 앉아 우리 얘기를 듣던 일본 경찰은 대뜸 "도저히 허락 없이 할 수 없는 일이오. 아니 왜 광주에서 허락을 받지 않았소?" 하고 사뭇 나무라는 어조로 말했다.

그 신경질적인 얼굴을 건드리고 싶지 않아 나는 점잖게 "한국에 선교사로 들어온 사람이오"라고 했고, 그러면 양해가 있으리라 생각했다. 그러나 벌렁코를 가진 일본 경찰은 "허락 없는 전도 사업은 불가능하다"고 잘라 말했다.

나도 이 경찰에게 은근히 화가 치밀어 한국에 선교사로 온 내가 한국의 어디인들 가서 선교 사업을 하면 어떠냐는 식으로 따지고 들었다. 따지고 드는 내게 다소 움츠러든 경찰은 "당신의 신분증을 좀 보여주시오" 하고 마지막까지 나를 골탕 먹이려 했다.

아! 그런데 나는 광주를 떠나면서 비자를 가져오지 않았다. 곰곰이 생각한 끝에 나는 옆에 있는 여전도사에게 편지를 써주고 광주에 가서 내 여행권을 가져오도록 했다. 왜 내가 남고 한국인 여전도사를 보냈겠는가. 만약 그가 나선다면 그 벌렁코에게 괴롭힘을 당할 것이 틀림없기 때문이었다. 얼마간 차분히 아무 얘기도 없이 지서 나무

의자에 앉아 전도사가 돌아오기만을 기다렸다.

시간이 흘러 전도사가 숨이 차 뛰어 들어왔다. 여행권 등을 내게 건네줘 나는 그 사람에게 보여주기만 했다. 그런데 나는 외국 사람이니 허락하겠지만 한국인은 도저히 허락 못한다는 것이었다.

"이 사람이야, 우리 밑에 있는 사람 아니오. 이 사람은 우리의 명령을 따라야지요."

참 기가 막힐 노릇이었다. 경찰은 여러 가지로 여전도사를 구슬렸다. 아무리 그래도 따르지 않자 경찰은 바로 옆 벽에 걸린 일본 천황의 사진에 참배를 하라고 했다. 그러나 여전도사도 보통 여자는 아니었다. 다른 것은 모르나 그것만은 죽어도 못하겠다고 버텼다.

얼마 동안 입씨름을 하던 경찰은 옆에서 지켜보고 있는 내가 두려웠던 모양이다.

"당신은 먼저 가시오."

퉁명스럽게 쏘아붙였다.

"혼자서는 갈 수 없소."

나도 버티는 수밖에 없었다. 그러나 경찰은 거의 통사

정하다가 또 협박을 했고 결국 나는 바로 문밖까지 나왔다. 하지만 그곳에서도 그 사람들을 훤히 볼 수 있었다. 그 사람이 나를 보내려는 심산은 뻔했다.

9. 농촌 전도 사업

내가 보지 않는 곳에서 여전도사를 협박이라도 해서 참배를 시키기 위한 것이었다. 특히 나는 외국인이라서 경찰은 그것이 마음에 걸렸던 모양이었다.

꽤 오랜 시간 반 협박 반 설득으로 여전도사와 입씨름을 벌이던 경찰은 다른 방법을 써야겠다고 생각한 모양이었다.

나무의자에서 몸을 일으키더니 여전도사를 끌고 내가

서 있는 현관 앞을 지나 뒤편에 있는 다른 골방으로 데리고 들어가 버렸다. 나는 전도사가 내 곁을 지날 때 "당신을 위해 기도하겠어요"라고 귓속말로 속삭여 주었다.

나는 이제 전도사를 볼 수조차 없었다. 그러나 그 방 가까운 곳으로 자리를 옮겼다. 얼마쯤 지나 지서장이 "점심때가 됐소. 돌아가시지요" 하고 넉살 좋게 말하며 지나갔다. "배고프지 않소" 하고 대답하자 그도 더 이상 얘기하지 않고 사무실 안으로 들어가 버렸다.

기다림은 지루하기도 했지만 그것보다는 '어떻게 하고 있을까? 행여 많이 두들겨 맞지는 않을까?' 염려되었다. 그 자리에 앉아 눈을 감고 기도를 드렸다.

"하나님, 정말 도와주셔야겠습니다. 그를 때리지 않게 해주십시오."

그러고 나서 얼마 있지 않아서 경찰과 함께 여전도사가 들어간 문이 열렸다. 경찰이 여전도사를 앞세우고 걸어 나와 내 옆으로 지나갔다. 나는 전도사를 따라가며 "아무 이상 없느냐?" 했더니 그는 고개만 끄덕거렸다. 나는 다시 "맞지 않았느냐?"고 그 귀에다 대고 속삭였다. "예"

하는 대답을 들었을 때 나는 안도의 한숨을 쉬었다.

"아버지 하나님께서 저의 기도를 들으셨군요. 감사합니다. 아버지 하나님. 오직 당신의 힘 때문에 무사했습니다."

나는 진심으로 주께서 기도에 답해 주신 것에 감사했다. 우리는 다시 지서장 앞에 섰다. 한참 동안 우리의 모습을 쳐다보던 지서장이 입을 열었다. "둘 다 돌아가시오" 하며 자리에서 일어나 나가버렸다. 우리는 밖으로 나와 이런저런 생각을 해보았다. 이곳에서는 당분간 전도사업이 불가능할 것 같다고 판단한 우리는 광주행 버스를 탔다.

나는 버스에서 여전도사로부터 또 한 번 깜짝 놀랄 얘기를 듣고 그 고약스럽게 생긴 일본 경찰을 떠올렸다. 그 안에 들어갔더니 그 방에 걸린 천황 사진에게 절하지 않으면 때리겠다고 협박을 하더라는 것이었다.

한국말조차 서투른 그 일본 경찰은 긴 채찍을 여전도사 앞에 늘어뜨려 놓고 협박을 했다. 여전도사가 "저는 도저히 양심이 허락지 않아 못하겠다"는 말만 되풀이하자 경찰이 굴복한 것이었다. 그 말을 들으니 소름이 끼치면서도 정말 아버지께서 기도를 들어주셨구나 하는 감사함뿐이었다.

전북 진안으로 전주에 와 있던 선교사와 한국인 남자 1명, 한국인 여전도사 등과 함께 나갔다. 남자는 우리의 짐이 복잡해서 맡게 했고, 시골에 나가면 한국인 여전도사가 우리를 소개시켜 사람들을 안심시켰다. 우리만 나갈 경우 한 번도 외국인을 보지 못한 농촌에서는 무서워하기도 했기 때문에 여전도사는 반드시 필요했다.

우리의 전도 방법은 점차 변해갔다. 종전에 집회 위주로 하던 것을 가정 방문으로 돌린 것이다. 우리가 집회를 한 교회는 우리가 가고 나면 반드시 교인들이 괴롭힘을 당했기 때문이었다. 일본 경찰은 무슨 방법을 써서라도 반드시 우리가 다녀간 교회를 성가시게 했다.

우리는 그곳에서도 가정집을 돌며 하나님의 말씀을 전했다. 길가 조그만 집에 짐을 풀고 같이 간 남자 혼자 남고 전도 사업을 위해 마을로 들어갔다. 몇 집을 거치지 않았는데 짐을 맡은 남자가 달려왔다. 읍내에서 경찰이 나와 찾고 있다는 것이었다. 우리는 또 시작되는구나 하며 짐이 있는 곳까지 갔다. 기다리고 있던 경찰은 우리더러 읍내 경찰서까지 같이 가자고 했다.

얘기해봤자 소용없고 그 경찰이 결정지을 일도 못 될 것 같아 아무 대꾸 없이 읍내 경찰서까지 갔다. 경찰은 항상 그랬듯이 우리에게 무엇을 하기 위해 다니며 어떤 집회를 하고 있느냐는 등 여러 가지를 물었다. 내 친구 선교사 반리라 선생이 "이 지방을 15년 동안 다녀도 지금까지 한 번도 허락받고 다녀본 일이 없어요. 또 우리는 집회를 하는 것도 아니고 가정 방문하면서 전도하고 있어요"라고 대답했다.

그랬더니 까다롭게 굴지는 않았다. 다행이었다. 우리는 짐이 있는 곳까지 돌아오는 도중에도 낯선 마을만 보면 꼭 들어가 전도를 하고 나오곤 했다.

어느 낯선 마을에서의 일이다. 가을 날씨라 나와 반 선교사는 중절모 비슷한 털로 만든 모자와 긴 외투를 입고 마을로 들어갔다. 우리는 마을 앞 초가집 넓은 마당 안에 들어섰다. 그때 마당에서 일하던 여자가 우리를 보더니 어디론가 도망쳐버렸다. 우리가 무서웠던 모양이었다. 나중에 전도사가 얘기를 해서 그 여자가 돌아왔다. 그 여자는 우리에게 "어젯밤에 무서운 꿈을 꾸었는데 꼭 맞았다"고 대답해 우리를 웃게 했다.

그런데 이상한 일이 한 번 있었다. 그렇게도 가는 곳마다 일경의 감시 속에 있던 우리가 한 번도 경찰을 만나지 않고 전도를 마치고 돌아온 일이 있었으니 우리에겐 이상할 수밖에 없었다. 특히 1940년이 가까워 오면서는 일본 경찰의 감시가 완전히 노골적이었는데 말이다.

화순에서의 일이다. 화순읍을 지나 어느 조그만 마을 앞 초가집에 우리 짐을 풀었다. 그 일대에서 전도 사업을 하기로 하고 시골 주막집 같은 곳에 들어갔다. 우리는 화순에 사는 나이가 굉장히 많은 여전도사의 안내를 받았다. 하루가 지나고 다음날 밤이었다. 비가 쏟아지는데 금방 천장에서 빗물이 뚝뚝 떨어지기 시작했다. 비는 그치지 않고 계속 내렸다.

우리 방은 온통 물 천지가 되고 짐을 옮기느라 밤에 법석을 피우기도 했다. 이 사실을 안 여전도사는 어느 상점 집으로 우리를 안내해, 그곳에서 다시 전도 사업을 펼쳤다. 그런데 그날 밤 저녁 식사를 막 마쳤을 때 장로 집 마당에는 온 마을 사람들이 어느새 몰려와 있었다. 내가 전도하러 왔다는 것을 알고 달려온 것이다. 우리는 이곳에서 아무 제약도 받지 않고 3일 동안 전도 사업을 마치고 광주로 돌아올 수 있었다.

1941년 6월 청천벽력과 같은 얘기가 들려왔다.

10. 문밖에도 못 나가게

우리가 광주시 밖으로 나가려면 반드시 일본 경찰의 허락을 받아야 한다는 소리가 들려왔다. 이런 말이 처음 들렸을 때는 믿기지 않았다. '그럴 수가 있을까?' 반신반의했다. 만약 우리를 광주 밖으로 못 나가게 한다면 그것은 주거제한 조치인데 그 정도로 우리에게 탄압의 손을 뻗쳐오리라고는 생각조차 못했기 때문이다. 그러나 그것은 거짓 없는 사실이었다.

"그렇게 즐겨 나가 전도 사업을 펴던 농촌에도 이제 못 나가게 되는구나. 주거제한 조치까지 내리다니……."

아무리 긴 한숨을 쉬어도 한국에 남아 있는 우리로선 어쩔 수 없는 안타까움뿐이었다.

여름날이었다. 거의 집에만 있던 나에게 젊은이 2명이 찾아와 성경공부를 하겠다고 했다. 우리는 그 청년들을 누구도 볼 수 없게 숨겨놓고 공부를 시켰다. 그런데 어느 날 쾅쾅, 문 두드리는 소리가 들렸다. 나는 천천히 걸어 나가 "누구시오?" 하고 물었다. "주인 계십니까?" 하는 목소리가 틀림없는 일본 형사의 목소리였다.

나는 문을 열어 그를 응접실로 안내했다. 바로 뒷방에 선 그 젊은이 2명이 있지 않은가. 나는 토 선생을 부르겠다고 말한 후 응접실을 나가 토 선생에게 갔다. 헐레벌떡 찾아온 나를 보자 토 선생은 깜짝 놀라더니 "무슨 일이오?" 하고 다그쳐 물었다.

나는 숨을 가라앉히고 "왔어요" 하고 조용히 말했다. "누가 말입니까?" 토 선생도 긴장했다.

"형사가 또 나타났어요. 토 선생이 지금 가서 내가 젊은이 2명을 보낼 때까지만 그 사람들을 데리고 시간을 끌어주시오."

처음에는 어리둥절하던 토 선생은 알았다는 듯이 형사가 있는 방으로 가며 내게 걱정 말라는 눈치를 보냈다. 나는 곧바로 살금살금 발소리를 죽여 젊은이들이 있는 방으로 갔다. 젊은이들은 나의 창백해진 얼굴을 보자 무엇인가 심상치 않음을 알고 "무슨 일이 있습니까?" 하고 물었다. "형사가 왔소. 나를 따라오시오"라고 하자 그들은 긴장했다.

형사가 왔다는 말에 더는 아무것도 묻지 않고 내 뒤를 따랐다. 나는 가끔 사용하는 뒷문을 향해 살금살금 걸음을 옮겼다. 응접실에 있는 형사는 눈치를 챈 것 같지 않았다. 문 소리가 나지 않게 조용히 문을 열어 그들을 골목 옆으로 무사히 도망치게 한 후, 나는 긴 숨을 내쉬고 응접실로 돌아왔다. 아무 일도 없었다는 듯한 내 얼굴에서 그 일본 형사는 정말 아무것도 발견하지 못하였다.

만약 형사가 젊은이들을 발견했으면 어떻게 됐을까?

우리에게 주거제한까지 시키면서 한국인을 만나지 못

하게 했는데 집에서 한국인에게 말씀을 전하고－그것도 젊은이에게－있다는 것을 알았다면 그대로 놔둘 리 만무하다. 계속된 집안 생활에 지친 나는 11월 15일 거주증명서 발급 신청을 냈다. 그 신청을 내면서 '하나님의 뜻이면 도청에서 허락해 줄 것이다' 라고 생각했다.

나는 기도를 했다.

"하나님이 원치 않으신다면 한국에 남는 것을 허락하지 않으시는 것으로 알고 본국으로 돌아가겠습니다."

내 마음에 오신 하나님께서는 아직 한국에 있어야 한다고 말씀하셨다. 그리고 3주일쯤 지났을까. 12월 8일 일본 형사가 의기양양한 모습으로 우리 집에 나타났다. "전쟁이 시작됐소. 당신들은 이제 1년이고, 10년이고 끝날 때까지 이 집을 떠나지 못하오" 하고 퉁명스럽게 쏘아붙이지 않는가?

광주를 떠나지 못하게 하더니 이제 집 안에만 있게 하여 집앞 길가에도 못 나갈 형편이 되고 만 것이다. "도대체 무엇 때문에 당신들은 그렇게 우리를 괴롭히려 드는 거요?" 하고 대들었다. "우리 일본인들은 오로지 당신들을 보호하기 위해서입니다" 하고 일본인 형사가 넉살좋게 말했다. 나는 그 일본인 형사와는 얘기를 나누거나 다투고 싶은 생각이 전혀 없었다.

그래도 나와 토 선생은 멀리 길을 건너야 만날 수 있는 진주 아기 문제만은 허락받았다. 그 아기를 만나기 위해 나가는 것만 허락해 준 것이다.

"당신들을 보호하기 위해서……."

일본 형사가 가버리고 난 후 아무리 생각해도 뻔한 일인 듯싶었다.

"그네들이 우리를 보호해줘?"

그럴 리가 없다.

말이 보호지 한국 사람들과 만나지 못하게 하려는 수작에 불과했다. 일본 입장에서 보면 우리가 선교사로서 자주 한국 사람들과 만나고, 생활하는 중 일본에 대한 감정이 북받쳐 오를까도 싶고, 우리가 한국인들을 충동시켜 '제2의 3 · 1운동'을 불러올지도 몰랐기 때문이었다. 사실 우리는 항상 한국의 독립을 위해 기도하고, 일본의 한국인에 대한 탄압이 없어지기를 기도해 오고 있었다.

우리의 생활은 얼른 보기에 좀 한가해졌다. 광주시 양림동 선교사의 집 외에 밖이라고는 길 건너편 진주가 있는 곳까지만 나가는, 조금 큰 감옥에서 생활하게 되었기 때문이다. 강압에 못 이겨 집 안에서만 생활하게 되자 종전보다 훨씬 많은 사람들이 우리를 찾아왔다.

낮에 찾아온 사람들도 많았고 일본 형사들의 눈을 피해 밤에 몰래 찾아와 위로해주는 사람도 있었다. 특히 밤에 우리를 찾아온 사람들은 무엇이든지 우리가 먹을 수 있는 음식을 가지고 찾아왔다.

달걀이 큰 바구니로 가득 찰 때도 있었다. 고마웠다. 정말 그 은혜에 감사하고 싶었다. 나는 집에 찾아온 사람들에게 부지런히 하나님의 말씀을 전했다. 그때 하나님의 말씀을 듣고 함께 기도했던 사람만도 수백 명에 달했다. 그런데 12월 8일 미국과 일본의 태평양 전쟁이 시작되던 날 우리 선교사의 집에서 큰 사건이 벌어지고 말았다.

11. 선교사 투옥 소동

우리와 함께 살던 타마자 목사가 일본 경찰에게 끌려갔다. 피비린내 나는 전쟁이 터지자마자 일본은 한국에 남아 있던 선교사들 중 남자들을 모두 잡아들인 것이다. 그들이 잡아간 죄목은 '스파이 행각' 이라는 당치도 않은 소리였다. 적대국 사람이니까 잡아넣고 고생을 시키겠다는 악랄한 생각에서였다.

타마자 목사는 부인이 아파 12월 8일 서울 세브란스병

원으로 가서 치료를 받아보려던 참인데 그날 유치장에 들어가고 말았다. 나는 타 목사 부인과 토 선생과 함께 살게 됐다.

저녁마다 세 사람이 무릎을 맞대고 앉아 타 목사가 무사할 것과 빨리 풀려 나오기를 기도했다. 우리는 주거제한 조치가 내려져 있는 몸이라서 타 목사를 만나 위로의 말 한마디도 할 수 없어서 애만 태우고 있었다. 우리는 타 목사가 가장 견디기 어려운 것이 식사라고 생각해 일본 형사로부터 하루에 2회 사식을 넣어줄 수 있도록 허락을 받았다.

그러나 우리 셋 중에 어느 누구도 밖에 나갈 수 없고 우리 집을 돌봐주고 있는 한국인 남자를 시키라는 것이었다. 아침 8시쯤과 오후 4시쯤 두 차례 식사를 넣어주었다. 그러나 직접 얼굴을 보지 못한 우리는 궁금하기도 하고 만나보고도 싶었다.

그러나 일본 경찰이 우리의 애타는 마음을 알 수 있으랴. 우리는 밤마다 찬송과 기도로 우리의 아픈 마음을 달랬다. 그때 우리는 이 찬송가를 거의 하루도 빠짐 없이 힘

차게 불렀다. 영어로 불렀지만 나중에 수피아 영어선생이었던 이수복 선생이 이같이 번역해 주었다.

주님의 성실이 크도소이다
하느님 아버지 크신 성실이
태초처럼 변함없으신 분
그 사랑 아침마다 새로워라
그 사랑 영원까지 그 사랑

여름과 겨울, 봄, 가을의 추수
돌고 있는 해와 달 뭇별이
모두가 주님의 크신 성실을
아침마다 새로이 찬양해

내 죄 사하고 편안함 주시며
사랑으로 인도하시는 분
힘 주시고 또 소망도 주시네
넘치도록 만 가지 축복도

〈후렴〉 주님의 성실이 참 크도소이다
아침마다 새로운 그 사랑
내 모든 소원 다 이뤄주시는
그 성실 크도다 주의 성실

집 밖에도 나오지 못하고 기도하고 성경을 읽는 생활만이 계속되었다. 어떤 때는 이틀이고 사흘이고 또 어떤 때는 일주일 만에 형사가 찾아와 우리의 생활을 관찰하고 갔다.

하루는 찾아와 밖을 내다볼 수 있는 모든 창문에 달려 있는 커튼을 검은 색깔로 바꿔줄 것을 강요했다. 그러나 그 정도의 고난으로는 우리의 마음을 흔들 수 없었다. 우리 셋은 함께 앉아 주님의 말씀을 읽고 기도하는 중에 마음의 평안을 찾을 수 있었기 때문이다.

2월 26일, 바깥 공기는 싸늘했다. 타 목사 부인과 토마리아 선생과 나, 셋이서 조용히 집에 앉아 있는데 날마다 우리 집에 우유를 배달해주는 사람이 딸과 사위를 데리고 뒷문으로 들어왔다. 젊은 부부는 응접실까지 들어와 우리에게 인사를 했다.

이때 주방에서 나오던 타 목사 부인이 "우리가 경찰서에 가야겠습니다. 경찰서에서 차를 보냈어요" 하면서 놀란 얼굴이었다. 토 선생은 얼른 찾아온 사람들의 신발을 가져왔다. 나는 그들을 앞문 안으로 데리고 가 "차가 떠날 때까지 조용히 숨어 있다가 나가시오" 하고 속삭였다.

왜냐하면 이미 주방에까지 경찰이 들어와 버렸기 때문에 앞문으로 나가 숨어 있게 했던 것이다. 우리는 경찰차에 올랐다. 경찰국에 들어가자마자 경찰 간부가 나와 의자를 내놓고 앉으라고 권했다.

무엇인가 예기치 않은 얘기가 나올 것 같았다. 경찰 간부 2명과 통역이 자리했고, 타 목사가 끌려나왔다. 얼굴은 창백했지만 괜찮았고 수염만 길게 자라 있었다. 약 3개월 만에 만나보는 얼굴이었다. 반갑기도 하여 얼싸안고도 싶고 우리만의 얘기나 기도라도 했으면 했으나 헛된 소망이었다.

타 목사의 얼굴에는 굳은 의지가 엿보였고 우리에게 염려 말라는 암시를 주고 있는 것처럼 보였다. 타 목사가 반가워 우리에게 영어로 말하려 했다. 그러나 옆에 도사리고 앉아 있던 형사는 손을 저으면서 "영어는 안 됩니다. 한국말로 하시오" 하는 것이 아닌가?

그러나 일본인 경찰들이 우리에게 할 얘기는 남아 있었다. 간부는 천천히 입을 열더니 "당신들이 살고 있는 양림동 일대 선교사의 집들이 있는 땅을 우리가 보호하면 어떻겠소?" 하는 것이 아닌가. '올 것이 오고 말았구나' 하는 생각이 가슴을 때렸다.

"안 됩니다. 그것만은 절대 못하겠소" 하고 한마디로 거절해 버렸다.

나뿐만이 아니었다. 타 목사 부인도, 토 선생도 똑같은 말을 내던졌다.

양(羊) 껍데기를 둘러쓴 여우처럼 일본 경찰 간부는 우리에게 아주 친절하고 다정하게도 얘기해 보았다. 거의 윽박지르며 협박조로도 얘기해 보았다. 그러나 우리 셋 중 누구도 "그렇게 하라"는 말이 나오지 않았다.

우리는 타 목사가 끌려가고 얼마 후 일본 형사들이 타 목사를 위협해 별별 수단을 다 써서 선교사들이 사는 땅을 보호하겠다며 나서고 있다는 얘기를 들었으나 직접 그들에게 듣기는 처음이었다.

또 타 목사를 잡아가 내놓지 않고 고역을 치르게 하는 가장 큰 이유도 땅 문제임을 알게 됐다.

12. 사식 중단해 보복

사실 그들이 우리를 부른 것은 그동안 여러 가지 방법을 총동원해서 타 목사를 협박해 양림동 선교사들의 땅을 보호하겠다고 나섰으나 타 목사가 승낙해주지 않아서였다. 처음부터 일본 경찰에서는 타 목사를 잡아다 놓고 군침을 삼켰던 것이다.

이들은 타 목사가 광주를 비롯 전주, 군산, 대포 지방선교회의 회장이라는 것을 알고 타 목사만 잘 구슬리거나 협박하면 될 것으로 생각했다. 그러나 선교회의 규칙상 그럴 수 없는 일이었다. 그런데 타 목사에게 "당신이 회장으로 있으니까 승낙서에 서명해주시오" 하고 강요한 것이다.

그러나 타 목사가 강경히 못하겠다고 맞섰다. 계속해서 못하겠다고 버티던 타 목사는 나중에 "나 혼자서 할 수 없는 일이오. 만약 당신들이 그 땅을 보호하려면 우리 회원들의 허락을 얻어야 하오" 하고 말했다.

그래서 일본 경찰은 여자 셋밖에 없다는 사실을 알고, '여자들 정도는 순순히 말을 듣겠지' 하는 생각으로 우리를 붙잡아갔던 것이다.

또 타 목사 자신도 우리 중 누구도 경찰에 끌려왔다고 해서 허락해버릴 사람들이 아니라는 것을 믿고 그렇게 말했던 것이다. 물어보는 사람마다 강경하게 반대의사를 나타내며 그것만은 죽어도 안 된다고 버텼다.

자기들 뜻대로 되지 않자 화가 치밀었는지 성질이 급하게 생긴 경찰 사나이 1명이 "저 사람을 집어넣어 버려" 하고 타 목사를 가리켰다. 타 목사를 데리고 나왔던 경찰까지 화가 났던지 이마에 주름이 잡히도록 험악한 인상을 쓰며 타 목사를 끌고 가버렸다. 다시 유치장에 넣기 위해서였다.

타 목사가 끌려간 것을 쳐다보고 있던 경찰간부는 우리에게 그 매서운 눈초리를 돌렸다. '너희를 그냥 두지 않겠다' 는 눈치였다.

"당신들 정말 허락 못하겠소?"

작달막한 키에 얼굴은 동그랗게 생긴 경찰간부가 다시 물어왔다.

그러나 똑같은 대답뿐이었다.

"허락을 하지 않는다니 당신들도 모두 유치장에 넣겠소."

이건 완전한 협박이다. 이들의 말인즉 전쟁이 끝날 때까지 가두어 두겠다는 것이었다.

머리끝까지 화가 치밀어 올랐는지 얼굴에 조그마한 경련까지 일으킨 경찰 간부는 "당신들끼리 밖에 나가 다시 한 번 타협해보시오" 하고 퉁명스럽게 쏘아붙였다.

서로의 얼굴을 쳐다보던 우리는 문밖으로 나왔다. 먼저 타 목사 부인이 입을 열었다.

"비록 내 남편이 고생하고 있지만 절대 그 땅은 허락하지 못해요."

당연한 일이었다. 아무리 의논을 해봐도 빤한 일이었다.

다시 문을 열고 들어가자 경찰들은 어떤 대답이 나올까 궁금한 듯 우리를 쳐다보았다.

"안 되겠습니다."

우리 말이 떨어지기 바쁘게 작은 키의 경찰 간부는 "당신들은 할 수 없소. 유치장에 들어가 고생 좀 해보아야겠소"라고 했다.

경찰 간부가 돌아가고 꽤 오랜 시간 누구 하나 입을 여는 사람 없이 앉아 있었다. 얼마쯤 지났을까. 경찰이 들어오더니 "하루라도 고생시켜야 맛을 안다"고 중얼거렸다. 아무리 해도 허락해주지 않자 유치장에 넣겠다고 하며 우리를 시험하는 모양이었다. 우리의 마음을 약하게 할 엉큼한 속셈이었다.

그러나 우리의 마음은 이미 확고하게 결정을 내린 후였고 어떤 고난이 와도 쉽게 넘어가지 않을 만큼 난난해져 있었다.

'저렇게 중얼거리는 것을 보니 우리를 확실히 시험하고 있구나.'

속으로 '어떤 시험이라도 해보아라' 하고 마음을 다잡았다. 경찰의 중얼거림으로 보아 당장 우리를 넣을 만한 유치장도 없는 것 같았다. 그만큼 당시 유치장은 한국인으로 만원을 이루고 있었다.

밤 12시가 지나고, 다시 1시가 지났다. 우리 셋은 각자 마음속으로 기도하고 있었다.

'하나님 아버지, 이 시험을 이기도록 해주십시오.'

누구도 입을 떼지 않았다. 경찰 간부와 우리는 덩그러니 경찰국 사무실에 앉아 있었다. 옆에서 무엇이라도 금방 나올 것 같은 음산한 밤중이었다.

새벽 2시, 갑자기 형사 2명이 문을 쾅 열고 들어왔다.

"집으로 갑시다."

어떻게 된 노릇인지 모를 일이었다. 집어넣겠다고 땅땅거리던 경찰이 우리를 하룻밤도 새우지 않고 보내다니. 우리 셋은 올 때와는 달리 집에 돌아갈 때는 걸어서 갔다.

어쩔 수 없는 모양이었다. 아무리 협박해도 되지 않고

설사 유치장에 넣어 둔다고 해도 굴복할 것 같지 않자 돌려보낸 것이었다.

그리고 거의 2개월 이상 한국인을 통해 타 목사에게 넣어주던 사식(私食)이 그날부터 중단돼 버렸다.

경찰은 자기들 뜻대로 되지 않겠다는 것을 알게 되자 마지막으로 사식 중단이라는 야비한 방법을 쓴 것이다. 그러니 타 목사에게 넣는 사식 중단은 마지막 회유 방법임과 동시에, 우리조차 허락하지 않은 것에 대한 보복이었다. 혹시 타 목사보다 우리에게 허락해주겠다는 대답을 기대했는지도 모를 일이었다.

13. 강제 귀국길에

그러나 무슨 꿍꿍이속이 있었는지 우리가 경찰국에 끌려갔다 온 지 6주 후 4월 1일 타 목사가 풀려났다.

그리고 5일쯤 지났을까. 자기 집 드나들듯 우리 집을 찾아오던 대머리 일본 형사가 들어섰다. 그는 다짜고짜 이렇게 물었다.

"당신들은 미국으로 돌아가는 것이 좋지 않겠소?"

나는 물러서지 않고 대꾸했다.

"억지로 가는 것은 아니오? 일본이 우리를 강제로 보내는 것 말입니다."

"좋도록 생각하시오. 아마 그럴 거요."

능청스런 대답이었다.

나는 지난 1월 1일 하나님께서 내게 직접 말씀하시는 것 같았던 성경구절을 더듬어 생각해 보았다.

나는 그때 "너는 어디에 가든지 내가 같이 가고 이 땅에 돌아올 때까지 너를 떠나지 않겠다"는 말씀을 듣고 친구에게 이렇게 말했었다.

"우리는 언젠가 미국으로 돌아가야 할 모양이다. 이 땅에 다시 돌아올 것은 틀림없고. 그러나 아직 가야 할 날짜를 모른단 말이야."

그러나 우리는 벌써부터 기도를 했었다.

"만일 진정 하나님 아버지의 뜻이 우리가 미국에 돌아가는 것이라면 돌아가겠습니다. 아버지께서 일본인들의 마음에 들어가 우리를 보내도록 해주십시오."

나는 그때의 기도를 들어주신 것에 감사하고 어쩔 수 없지만 돌아가는 것이 주님의 뜻이라는 것을 알게 됐다.

6월 1일, 언제 돌아올지 모르는 막연하고 아쉬운 마음으로 정들었던 집을 나섰다. 그렇게도 나를 기다리던 시골의 순박한 아낙들, 무슨 얘기인가 사뭇 궁금해 하면서도 초롱초롱한 눈망울로 내 얼굴만 쳐다보던 천진하기만 한 어린아이들.

처음 털모자를 쓰고 불쑥 나타난 나를 보고 달아났던 농촌의 어떤 부인과 뭇사람들의 얼굴이 뒤범벅이 되어 지나갔다. 40년의 희로애락이 깃든 광주를 평생 잊을 수 없을 것 같았다.

나는 문밖에 나서서 처음 광주에 왔을 때 새색시처럼 앉아 있던 무등산을 한참 동안 바라보았다.

"꼭 다시 온다. 다시 와서 너와 함께 일생을 같이하리라."

그때 누군가가 달려와 일본 사람들이 버스를 보냈다고 했다. 형사까지 따라왔다.

우리가 자기들 때문에 일본으로 돌아간다는 것을 감추기 위해서이지 결코 우리를 위해서는 아니었다. 타 목사는 광주, 대포 등지의 땅문서를 모두 가방에 넣어 가방이 문서로 가득 찼다.

그러나 두 손으로 드는 것 외에는 더 이상 가져갈 수가 없었다. 우리는 광주역까지 버스에 실려 갔다. 맥 빠지게 앉아 있는 타 목사, 그의 부인, 토 선생, 누구 하나 입을 열지 않았다. 같이 탄 형사까지도 아무 얘기도 걸어오지 않았다.

타 목사는 큰 가방이 네 개나 됐다. 일본 경찰국에 끌려가 모진 고통을 당한 타 목사에게 무슨 힘이 있겠는가. 기차 앞에 서자 그냥 우뚝 서고 말았다.

어쩔 수 없었던지 주인 따라 다니는 강아지마냥 따라오던 일본인 형사가 가방을 기차에 들고 올랐다. 대전에서 내려 역 앞 어떤 여관으로 들어갔다. 얼마 동안 쉬다가 캄캄한 밤에 부산행 기차에 몸을 실었다. 이제야 형사의 감시가 없는 홀가분한 몸이 되었다.

그런데 아! 어떻게 된 것인가.

거기에는 만주, 평양, 서울에서 사역하던 선교사들만 앉아 있지 않은가. 오랜만에 여러 얘기가 오고갔다. 그들도 돌아가라고 해서 하는 수 없이 미국으로 간다는 것이었다.

아침이 되어 부산에 도착했고, 그날 바로 부산항을 떠났다. 선교사들 모두가 갑판으로 나왔다. 그러나 일본 선원이 나와 안으로 들어가라는 것이었다. 몇 년씩 청춘을 바쳤거나 40대, 50대를 보낸 선교사들이 얼마나 정이 들었으면 갑판에 나와 있겠는가.

그는 선교사들의 심정을 모르는 듯했다.

"정든 제2의 고향 산천마저 볼 수 없게 소경을 만들어 버리는구나."

새삼 비인도적인 일본의 대우에 울화가 치밀었으나 어쩔 수 없었다. 선실 안으로 몰려 들어갈 수밖에. 선실 문을 닫은 일본인들은 선실 벽에 붙은 조그만 창의 커튼까지 내려버리는 것이 아닌가. 결국 처음 한국 땅을 밟을 때 쳐다보던 부산 땅을 뜬눈으로 보지도 못하고 배는 부산항을 떠나버렸다.

밤중에 일본의 요코하마에 도착, 캄캄한 밤인데 다시 도쿄까지 갔다. 훌륭한 여관에 안내됐고 다음날 아침 식사도 훌륭했다.

다시 요코하마로 안내돼 그 항구를 떠나 적대국 일본 땅에서 발을 떼었다. 홍콩과 싱가포르에서는 신문기자와 선교사 등이 배에 올랐다. 배 안에 있는 미국인은 거의 7~8백 명이었다. 당시 포르투갈 식민지였던 남아프리카의 로렌스마크스에 이르렀을 때다. 우리가 타고 간 스웨덴 배로 저쪽에서 일본 깃발을 나부끼는 일본 배 한 척이 다가왔다.

거기서 우리는 서로 교환되었다. 그 배에는 당시 미국에 있던 일본인들로 꽉 차 있었다. 서로 배를 바꿔 타라고 했다. 정부 간 약속에 의한 교환이 이루어진 것 같았다.

우리가 그곳을 출발하려고 할 때 우리는 더 없는 기쁨을 맛보았다. 전쟁으로 고국과의 연락이 두절돼 한 통의 편지도 받아 보지 못하다가 밀린 편지를 한꺼번에 받은 것이다. 모두들 각자 집에서 온 편지를 들고 모처럼 마음 놓고 웃을 수 있었다.

8월 25일 그렇게도 그리던 고국 땅이 보였다.

뉴욕 앞바다에 배가 멈췄다. 배에서 내린 사람들은 엘리스 섬에서 조사가 마칠 때까지 기다려야 했다. 보고 싶었던 부모형제를 붙들고 웃고 울고 야단법석이었다.

우리 일행을 마중 나온 선교사회 본부 총무가 빙긋 웃었다. 우리의 옷이 상대적으로 남루했던 모양이었다.

::회갑을 맞아 제자들에게 꽃다발을 증정받는 유화례 선교사

14. 1947년 다시 한국에

나는 북부 캐롤라이나 주(州) 군(郡) 안에 있는 5개 공립 학교를 돌아다니며 성경을 가르쳤다. 그러나 언젠가 다시 한국에 가서 그들과 함께 하나님의 말씀을 배우고 한국의 소박한 농촌을 돌아다니고 싶다는 생각뿐이었다. 셋집에 돌아와 혼자 있으면 한국에서의 생활만이 아른거렸다.

1945년 8월 15일 방에 돌아와 쉬면서 라디오 다이얼을 돌렸다. 톱뉴스로 일본이 무조건 항복했다는 영어방송에 이어 일본 천황의 떨리는 목소리가 흘러나왔다. 다른 사람들도 라디오를 들었는지 이제 전쟁이 끝났다고들 야단이었다.

'전쟁이 끝났으면 한국은 어떻게 될 것인가?'

'한국에서 일본 사람들은 물러나게 될 것인가?'

이 생각 저 생각에 궁금하기만 했다.

다음날 신문에 일본의 식민지였던 한국이 해방을 맞게 되었다는 기사가 나와 있었다.

'한국으로 돌아가야겠다. 가서 빨리 나를 기다리는 농촌의 아낙에게, 할머니에게 하나님의 말씀을 전해야겠다.'

빨리 가고 싶었지만 선교사 본부에서 연락이 오지 않았다. 1946년 본부에 연락해 보았으나 아직 안 된다는 답변뿐이었다.

1947년 한국의 정세가 안정돼 가고 있다는 것을 신문에서 읽고 알게 됐다. 1947년 봄 성경학교를 그만두고 집으로 돌아왔다.

집에서 소식이 오기만 기다렸다. 여름이 가도 소식은 없고 궁금하기만 했다. 10월, 곧바로 한국으로 떠나라는 반가운 연락이 왔다. 당시에 아버지께서 위독하셨지만 나는 이미 하나님께서 부른 딸이라는 생각에 떠나기로 했다. 누워 계신 아버지를 찾아갔다.

"한국에 다시 돌아가겠습니다."

내 얼굴을 쳐다보시던 아버지께서는 떨리는 목소리로 말씀하셨다.

"너를 다시 볼지 모르겠구나."

가슴이 찡했다. 그러나 나는 떠나야 할 수밖에 없는 몸이 아닌가. 나중에 아버지께서 1950년 5월 돌아가셨다는 소식을 받았다.

1947년 10월 11일 내가 탄 거대한 군함은 샌프란시스코 항구를 떠났다. 10월 28일 군함이 인천항에 서서히 들어갔다.

내가 광주에 도착한 것은 10월 31일 밤, 기차로 송정리역에 도착했다. 역을 빠져나오자 미리 와 있던 타 목사와 노나복 목사가 차를 가지고 나와 기다리고 있었다. 함께 온 도 신생은 타 목사 차에, 나는 노 목사의 차를 타고 광주에 들어갔다.

광주의 야경(夜景)이 퍽이나 자유로워 보였다. 차는 수피아학교 안에 있는 임시 숙소로 향했다. 숙소에 짐을 풀고 무사히 도착하게 해주신 하나님께 감사의 기도를 드렸다.

1948년 봄, 나는 학교 이사회의 요청에 따라 다시 제8대 수피아 교장 자리에 앉았다. 수피아는 1945년 해방을 맞으면서 12월 5일 학교 문을 닫은 지 8년 만에 문을 열었다. 그러니까 벌써 2년이 지난 것이다.

1948년 12월, 크리스마스를 맞아서 양림동교회에서 축가를 부르는 한국인들을 보고 가슴이 뭉클했다. 내가 한국을 떠나기 전과는 너무나 달랐다. 그 씩씩한 목소리가 너무나 우렁찼고 곡조도 애달프지 않았다.

'아, 자유롭게 살면 저렇게 좋은 것을…….'

자유를 얻은 한국인의 기쁨을 노래에서 역력히 읽을 수 있었던 것이다.

1948년 봄, 학교 교장이 되어 학생들 앞에 서서 보니 옛날 학생들은 아니었지만 선생들은 아는 이들도 많았다. 우거진 숲과 나무, 교실도 옛날 그대로였다.

학생들이 학교 운동장에서 마음 놓고 뛰어노는 것을 볼 때 그들이 선배들의 고통을 알고 있는지 궁금했다.

나는 학교 일을 보면서도 농촌에 나가 부지런히 복음을 전파했다.

그러다가 1949년 시골에 돌아다니며 일을 좀 하고 싶어서 사표를 냈다. 그 후 거의 농촌에 나가 농민들에세 하나님의 말씀을 가르쳤다. 시골에 갈 때는 반드시 아코디언을 가지고 갔다. 미국에서 가지고 왔는데, 농촌교회에 가 아코디언으로 음악을 가르치는 게 즐거웠다.

한번은 화순에 가서 집회를 인도할 일이 있었다. 당시 곳곳에 반란군이 들끓고 있다는 말에 우리만 갈 수 없어서 경찰의 호위를 받기로 했다. 경찰은 큰 트럭을 가지고 왔다. 나는 토마리아 선생과 함께 우리 지프차를 타고 갔고 경찰 트럭은 우리를 호위했다.

화순너릿재를 지나 동복으로 가는 고개에서 경찰차는 돌아갔는데 나는 그곳을 지나면서 반란군이 불을 질러 불티고 있는 초가집을 보고 온몸이 오싹해졌다.

동복교회에서는 새벽, 낮, 저녁 집회 인도를 했다. 그런데 혼자 방에 있자니 올 때 불타고 있던 초가집이 머리에 떠올랐다. 특히 내가 살고 있는 집 사립문이 걱정되었다. 반란군은 양식을 빼앗기 위해 하룻밤 사이에 산에서 내려왔다가 경찰에 의해 쫓겨 가기도 했다.

:: 수피아여고

15. 6·25와 피난

이틀째 되는 날이었다. 아무런 사고 없이 조용했던 마을 뒷산에서 총소리가 들려왔다. 그러다가 나중에는 가까이서 혹은 멀리서 총소리가 들려왔다.

시골 밤의 적막을 깨트리는 총소리에 나도 몰래 몸이 움츠러들었다. 다음날, 들어왔던 반란군이 다행히 동네에 피해를 주지 않고 떠났음을 알게 되었다. 저녁마다 딘으나마나한 대문 걱정을 하다 잠이 들곤 했지만 그곳에서의 일주일은 무사히 지나갔다.

집회를 마치고 경찰에 연락했다. 아무래도 광주까지 가는 길이 쉽지 않을 것 같았기 때문이다. 광주까지 가려면 꼬부랑 너릿재를 넘어야 했기에 언제, 어디서 반란군을 만날지 모르는 어수선한 상황이었다.

이곳저곳을 돌며 집회를 인도하는 중에 어느새 한국의 농촌에 대한, 아니 한국이라는 나라에 대한 애착은 깊어만 갔다.

1950년 6월 25일 전주 선교사회 강당에서 선교사들이 모여 예배를 드리고 있었다. 이때 바깥 사무실에 있던 사람이 뛰어 들어와 누구 한 사람 전화를 받아보라고 했다. 전화를 받으러 갔던 사람은 아무 일도 없었다는 듯 조용히 들어왔다. 우리도 '무슨 전화를 받았을까?' 하는 염려를 하지 않고 '그냥 보통 전화였겠지' 하고 말았다. 그러나 예배가 끝나고 하나둘씩 강당을 빠져 나가려 하자 전화를 받으러 갔던 사람이 모두들 좀 기다리라는 것이었다.

"북쪽에서 공산군이 38선을 넘어오고 있습니다. 여러분께서는 곧바로 부산으로 출발, 그곳에서 미국이나 일본으로 떠나라는 연락이 왔습니다."

말하는 사람도 무엇에 쫓기고 있는 듯 긴 얘기를 하지 않았다.

나는 조용히 생각에 잠겼다. 그것은 사실 생각에 잠겼다기보다 하나님께서 내 마음에 들어오시도록 깊은 기도 속에 있었던 것이다. 나는 다시 하나님의 뜻을 알려 달라고 기도했다. 하나님의 뜻대로 하면 무슨 일을 하든지 내 마음에 평안을 주시기 때문에, 하나님의 뜻이 아니면 하지 않겠다고 다짐했다.

결국 떠나지 않기로 작정했다.

6월 26일 전주에서 사람들은 각기 뿔뿔이 헤어졌다. 전주에서 바로 부산으로 가는 피난민 대열에 낀 선교사들도 있었다. 나는 광주로 돌아왔다. 광주에 오자마자 지프차를 타고 피난민들이 들끓고 있는 학교나 창고 등을 돌아다녔다. 어떤 창고에 들어갔다. 사람들로 얼마나 꽉 차 있었는지 그곳은 마치 콩나물 시루 같았다. 한 가족에 1평만 쓰도록 되어 있었다. 5~6명의 식구가 피난 짐보따리와 함께 1평에 쪼그리고 있으니 어떻게 되겠는가.

나는 아침이면 따뜻한 물과 음식을 준비해서 집을 나섰다. 그러나 그것이 얼마나 오래갈 것인가. 물이라도 먹어야겠다는 초췌한 얼굴들을 대하고 나면 저절로 눈시울이 뜨거워졌다. 다행히 당시 광주에는 젊은 미국인 부부가 남아 있어 우리 셋은 항상 함께 피난민을 찾아다녔다.

그러나 젊은 부부도 점점 인민군이 광주에 가까워질 무렵 광주를 떠나 부산으로 내려가고 말았다. 나는 또 우리 선교회의 트럭을 이곳저곳에 보내 광주 사람을 대포에 실어주고 대포 사람을 광주로 데려오기도 했다. 7월 23일 오전 11시 양림예배당에 가려고 준비하고 있는 내게 조용택 전도사, 동광원 원장 이모 씨 등이 달려왔다.

"인민군이 지금 장성까지 내려왔습니다. 광주 사람들은 어물어물하고 있을 때가 아닙니다."

곧 숨이 넘어갈 듯 다급한 소리였다.

"이제 피할 수 있는 기회가 없는 것 같습니다. 나는 미국인으로 지금 어디를 가나 집에 있는 것과 마찬가지일 것입니다."

그렇게 거절 의사를 밝혔으나 그들은 나를 숨길 수 있

는 자리를 만들어 놓았으니 빨리 떠나자고 했다. 나는 조 전도사와 함께 간단한 짐을 꾸려 집을 나섰다. 호남신학교 뒤로 갔을 때 동광원에서 나온 청년 2명이 우리를 기다리고 있었다. 그들은 둘이서 멜 수 있도록 들것을 만들어 준비해놓고 나를 기다리고 있었다.

나는 들것에 뉘어졌다. 흰지로 가장한 것이다. 머리에서 발끝까지 홑이불로 덮었다. 숨이 막히는 푹푹 찌는 더위였으나 긴장돼 더운 줄도 몰랐다. 나주 남평으로 가는 철도를 넘어 거의 30분가량을 들것에 실려 갔다.

그러나 그곳에도 벌써 많은 사람들이 피난 나와 산에 옹기종기 앉아 있었다. 동광원 사람들은 그곳에 굴을 파 놓았으나, 주위에 사람들이 많아 거기엔 나를 숨길 수 없었다. 거의 6시간 동안 밤이 되기를 기다렸다. 밖으로 나올 수도 없었다. 그곳에 와 있는 사람들이 나를 보면 안 되었기 때문이다. 나는 잠자코 수풀 속에서 기다렸다.

우리가 쉬는 동안에도 사람이 많아 힘들어지자 동광원 청년들이 화순군에 있는 친척집에 연락해 그곳으로 가자고 했다.

16. 지게에 실려 피난길

나는 양손으로 양 무릎을 잡고 몸을 활시위를 당기기 직전처럼 웅크린 채 홑이불로 묶여 지게에 실리었다. 홑이불에 묶인 내 몸 위에 두꺼운 헌 담요까지 덮었다. 한참 더위가 기승을 부리는 7월 23일이었기에 온몸에 땀이 배었다. 옷까지도 온통 흠뻑 젖어 후줄근하게 되었다. 그렇게 땀으로 목욕을 하고 5시간을 가다 잠깐 쉬었다가, 다시 지게에 얹어져 밤길을 갔다.

내가 타고 있는 지게는 청년 2명이 번갈아 지고 갔다. 푹푹 찌는 담요 속에서 24시간을 보냈다. 만 하루를 지게 위에서 보낸 것이다.

한밤중쯤 되었을까. 우리 일행은 어느 작은 동네에 도착했다. 내가 지게 위에서 내려와 보니 조그만 흙담 초가집이었다. 청년들은 내가 내리자마자 어서 방으로 들어가라고 눈치를 주었다. 아마 동네사람이라도 찾아오면 나를 볼까봐 그랬던 것이다. 그런데 이게 어떻게 된 것인가.

내가 마당에 막 내려 자세히 둘러보니 그곳에는 내가 광주에서 자주 보던 사람들이 여럿 마당에 서성거렸고, 마루에도 걸터앉아 있었다. 그들은 나보다 먼저 광주에서 그곳까지 피난 와 있었던 것이다. 나는 깜짝 놀라 처음에 어쩔 줄을 몰랐다. 그제야 동광원 청년들이 왜 나더러 내리자마자 방으로 들어가라고 했는지 알 수 있었다.

'전쟁이란, 더욱 전쟁에서 패배란 이처럼 아무 죄 없는 사람들에게 고난의 길을 걷게 하는 것이구나.'

반쯤 보리가 섞인 밥상이 들어왔다. 24시간을 거의 먹지 않고 땀을 흘렸으나 입맛이 있을 리 없었다. 그 집 주인은 내가 밥을 먹기가 곤란하다고 생각했는지 수박과 복숭아를 가져왔다. 그러나 나는 그 밥을 먹기가 곤란한 것이 아니고 도대체 나는 어떻게 될 것인가 하는 궁금함과 피로에 입맛이 없었던 것이다. 한참을 생각한 나는 수박 하나와 복숭아 2개를 먹어치웠다.

얼마쯤 쉬었을까. 동광원 사람들이 내게 떠나자는 눈치를 보냈다.

'이 밤중에 어디로 다시 떠난다는 말인가?'

그러나 이미 광주에서 멀리 떠나 어디인지 알 수 없는 곳까지 와버리고 말았다. 아무리 피곤한 몸이라도 이끌고 갈 수밖에 없는 입장이었다. 나는 구두와 평소에 신고 다니던 양말을 벗어버렸다.

그 집에서 주는 버선을 신고, 여자 고무신도 얻어 신었다. 산길을 타는 데 구두가 불편해서라기보다 다른 데 이유가 있었다. 언제, 어디서 반란군에게 붙잡힐지 모르는 일이라 한국의 아낙네로 보이기 위해서였다. 모두 나를 데리고 가는 동광원 사람들의 생각이었다. 나는 머리에 손수건까지 눌러쓰고 누더기 치마, 저고리까지 입었다.

달빛조차 없는 캄캄한 밤중이었다.

뒷사람이 갑자기 붙들기라도 한다면 기절해 나자빠질 정도로 긴장감만 감돌았다. 일렬로 좁은 산길을 따라 점점 높이 올라갔다. 기껏해야 바로 앞 사람의 어깨와 머리밖에, 그것도 어슴푸레 보일 정도의 칠흑 같은 밤이었다.

동네에서 따라올라온 사람까지 우리 일행은 7명이나 됐다. 열을 지어 산비탈 꼬부랑길을 걸어 올라가는 고통은 이루 말할 수가 없었다. 그러나 모두들 너무나 긴장해 있었고 만약 산에서 반란군에게 발견될지 몰라 누구 하나 입을 열지 않았다.

조금 가파른 산비탈을 오르게 됐다. 바로 앞사람이 내딛는 발걸음을 쫓아가는 행렬에서 가끔 길을 못 찾아 자빠지기도 했다.

하는 수 없이 뒤에서 나를 따르는 처녀에게 손을 내밀어 잡고 가자고 사정을 했다. 이렇게 산길을 따라 간 지 얼마쯤 됐을까. 긴 밤이 다 지나고 주위가 점점 밝아지며 길을 쉽게 분간해 낼 수 있었다. 이띤 신 능선을 넘었으나 또 가파른 산이 보였다. 산꼭대기 하나가 바로 눈앞에 들어왔다.

'어떻게 저 산꼭대기까지 올라갈까!'

광주에 있는 것이 오히려 나을지도 몰랐는데 하는 생각까지 들었다. 또 내가 지쳐 쓰러지면……나를 업어다준 동광원 사람들에게 감사한 마음과 미안함에 오히려 마음이 무겁기만 했다. 모진 고통을 아무 말 없이 참고 견디며 오직 나를 위해 땀을 흘리는 사람들……이런 생각에 잠겨 걸어가다 다시 한 번 산꼭대기를 쳐다보았다.

그때 나는 눈앞이 캄캄해지고 말았다. 우리가 가야 할 다음 능선에서 3명의 젊은이가 우리를 내려다보고 있는 게 아닌가. 일행은 모두 발을 옮기지 못할 정도로 긴장했다. 나는 머리가 쭈뼛 서는 것만 같았다. 잡혀서 죽더라도 당장 옆 숲속으로라도 들어가 숨고 싶기까지 했다. 하지만 그들은 이미 우리를 발견해버렸다. 어쩔 수 없이 천천히 길을 따라갔다.

'도대체 어떤 사람들일까?'

궁금함을 참다 못해 나는 낮은 목소리로 바로 뒤에 따라오는 사람에게 물었다.

"저 사람들은 누구일까요?"

"경찰인 듯싶어요."

경찰, 그러면 과연 어떤 쪽의 경찰일까? 당시는 하도 어수선하고 반란군이 득실거릴 때고 거기다 인민군까지 내려왔을 때라 어느 쪽인지 더욱 궁금하기만 했다.

17. 피난길의 수난

나는 그것까지도 다시 속삭이며 물었다.

"그러면 어느 쪽의 사람일까요? 국군일까요, 아니면 공산군일까요?"

"반란군인 듯싶어요."

그때 나는 그 얘기를 들어서라기보다 피곤함에 지쳐 다리에 힘이 빠져버렸다.

평지에서도 오래 걸어본 적이 별로 없던 내가 밤새 산

길을 걸었으니 오죽했겠는가. 도저히 걸음을 옮길 수 없었다. 그러나 앞사람들은 젊은이들이 기다리고 있는 산꼭대기로 올라갔다. 나는 남아 있는 모든 힘을 다해 한 발자국 한 발자국 올라갔다.

내가 산꼭대기 가까이 이르러 보니 먼저 올라간 사람들이 모두 증명시를 젊은이들에게 내보이면서 무엇인기 서로 말을 주고받고 있었다. 무슨 일행이냐고 묻는 것이 틀림없었다. 맨 끝으로 꼭대기에 올라갔더니 갑자기 한 젊은이가 더 나타나 나를 날카롭게 쳐다보고 크게 입을 열었다.

"오! 이 사람은 한국 사람이 아니고 미국 사람이구먼."

그는 이렇게 말하기가 무섭게 내게 달려들어 머리에 덮었던 수건을 홱 걷어가 버렸다.

"당신, 이름이 뭐요?"

"예, 유화례라고 합니다."

너무나 갑가지 달려들어 수건을 벗겨버리는 바람에 얼떨결에 얼른 대납을 했다.

"어디서 왔소?"

이건 완전히 조사하는 경찰 같다.

"광주에서 왔습니다."

"그래요. 그럼 당신은 왜 이렇게 피신을 하고 있소?"

오만 불손하였지만 꾹 참는 수밖에 없었다.

"지난 주일에 방송국에서 광주에 있는 사람들은 빨리 광주를 떠나 피하라고 하기에 그 말에 따랐을 뿐입니다."

잠깐 동안 더 묻지 않고 내 얼굴만 빤히 쳐다보던 젊은이는 다시 입을 열었다.

"그럼 당신들은 어디로 가는 길이오?"

"저도 모릅니다."

젊은이가 듣기에는 자기와 더 이상 얘기를 하고 싶지 않는 것으로 들릴지 모르나, 사실 나는 어디로 가는지, 그곳에서 얼마쯤 머물러야 하는지 알 수 없는 노릇이었다.

내가 대답을 하지 않자 우리를 데리고 가던 젊은이가 뭐라고 대답해주었다. 그는 무엇인가 알았다는 듯 고개를 끄덕거렸다.

"당신은 공산주의를 어떻게 생각하오?"

너무나 갑작스런 질문이었다. 내가 쉽게 얘기할 수 있

는 답변이 아니지 않은가. 나는 아무 생각 없이 입에서 나오는 대로 대답했다.

"저는 미국인으로 좋게 생각하지 않습니다."

한마디로 똑똑히 말해버렸다. 그런데 이게 어떻게 된 일인지, 알다가도 모를 일이었다. 이 사람들이 공산주의를 싫어한다고 해도 아무 반응이 없지 않는가. 철저한 공산주의 신봉자라면 내가 서슴지 않고 공산주의를 좋지 않게 생각한다는데 가만 있을 수 없는 일 아닌가. 젊은이들은 한참 동안 우리를 한 사람씩 돌아보더니 더 이상 내게 무엇을 물을 것 같지 않았다.

'분명 이 사람들은 공산주의자가 아닌 모양이구나.'

혼자 그렇게 생각하고 있는데 한 젊은이의 눈이 다시 나를 빤히 쳐다보았다.

"당신 순천에서 살지 않았소? 당신을 내가 순천에서 본 것 같은데……."

나는 1949년 순천 애양원에 내려가 어느 성경학교의 초청을 받아 성경을 가르친 적이 있었는데, 그때 나를 본 것이 아닐까? 그때 본 것이 아니었다면 젊은이가 순천에서 나를 볼 일은 없었을 것이다.

젊은이는 우리와 함께 간 청년들과 무엇인가 얘기를 하더니 곧 우리에게 가라고 하면서 자기들은 산 아래쪽으로 내려갔다.

긴장이 풀리고 저절로 긴 한숨이 나왔다. 등허리에선 식은땀이 흥건히 배었다. 긴장이 풀린 탓인지 더욱 다리가 무거웠다. 한 발자국도 떼어놓고 싶지 않았다. 그러나 얼마 남지 않은 목적지를 놓아두고 다른 사람들이 나 한 사람 때문에 오래도록 그곳에서 쉴 수는 없었다.

얼마쯤 걸어갔다. 그곳이 바로 동광원 땅으로, 깊은 숲속에 초가집 한 채가 감춰진 듯 있었다. 집 앞에는 조그만 밭도 있었다. 화순군 도암면 산중이었다. 나는 밤이면 사람들을 모아 성경을 가르치기도 하고 낮이면 밭에 나가 풀을 뽑아주기도 했다.

그러나 집 앞 밭에 나가 풀을 뽑을 때도 한국 사람들의 헌 누더기 옷을 입고 머리에 수건 두르는 것을 잊지 않았다. 헌 치마저고리에 머리에 수건까지 동여매고 있으면 멀리서 보더라도 미국 여자라고 알아보기 어려울 것이기 때문이다.

그곳에서는 방 하나를 따로 내주어 나는 밤이면 거기서 잠을 잤다. 방이라고 해봤자 한쪽 바닥은 종이로 누덕누덕 붙여져 있고 한쪽은 바로 흙바닥이었다. 함께 간 동광원 원장 등은 밤에 잠을 잘 때는 반드시 밭가에 있는 움막에서 잠을 잤다.

청년 2명은 몰래 산을 내려가 동네와 연락도 했고 어떤 때는 광주(光州) 시내까지도 갔다오곤 했다.

하루는 이들이 내 곁으로 오더니 "양림동에서는 선생님을 찾고 온통 난리가 났더군요" 하고 말했다. 나 때문에 양림동 일대가 수색까지 받은 모양이었다. 괴뢰군들은 그날 아침까지 있었던 사람이 어디 갔겠느냐고 찾고 있다는 것이다.

18. 동굴 생활

우리 일행이 산속 집에서 언제 나타날지 모르는 괴뢰군이나 반란군에 대한 공포로 1주일쯤 지냈을 때이다.

함께 간 조 전도사(당시)가 "우리가 모두 각자 떨어져 있으면 어떻겠소?" 하고 다른 사람들의 의견을 물어왔다. 조 전도사의 얘기로는 너무 많은 사람이 한 곳에 있으면 위험하다는 것이었다. 산 속 생활이 3주쯤 지났을 때다. 나는 무슨 병인지는 모르지만 몸이 무겁고 거동이 거북스럽게 됐다.

그래서 하루는 잠자리에 들기 전 하나님께 기도를 했다.

"주님이시여. 저를 위해 수고하는 이 사람들을 더 이상 괴롭혀서는 안 되겠습니다. 저를 병들지 않게 보호해 주십시오."

나는 그날 저녁 기도하다가 갑자기 '내일은 금식하고 집에서 떨어진 곳에서 하루 종일 있어야겠다'고 마음먹었다. 이 결정은 하나님께서 내게 내리신 것만 같은 생각이 들었다. 그날 밤은 마음 푹 놓고 깊은 잠에 빠질 수 있었다.

다음날 일찍, 전날 마음먹은 대로 가끔 가곤 하던 냇가로 가서 숲속에 숨었다. 집에서 꽤 떨어진 곳이었다.

그런데 그날 정오쯤 됐을 때다. 산등을 넘어 괴뢰 경찰 (당시에 이미 일대가 괴뢰군에게 점령돼 경찰관도 괴뢰군으로 교체됨) 1명과 청년들 11명이 집을 급습했다. 그들은 산등을 넘어서자 곧 우리 일행이 숨어 있던 동광원 산집으로 들어와 집 안을 샅샅이 뒤졌다.

그러나 다행히도 산등을 넘어오는 그들을 발견한 사람

들이 내가 거처하는 방에 들어가 방 한쪽 구석에 파놓은 구멍에다 내가 입은 옷가지나 짐 꾸러미를 모두 숨겼다. 젊은이들은 방문을 열고 내 방을 들여다보았으나 다른 낌새를 발견하지 못하고 내가 그곳에 없는 것으로 알고 돌아갔다.

냇가 숲속에서 밤늦게 돌아온 나는 그 말을 듣고 어젯밤의 기도에서 나를 집에 있게 하지 않고 피신시켜 주신 하나님께 감사했다. 냇가 숲속에 숨어 있었던 것은 우연이 아닌 하나님의 은총으로, 결국 괴뢰 경찰에 발각되지 않고 무사히 피할 수 있었던 것이다.

하지만 그들이 동광원 산집을 알게 된 이상 항상 마음이 불안했다. 도저히 산집에 가만히 앉아 있을 수 없었다. 청년들도 같은 생각이 들었던지 낮에는 밖에 나가 숨어 있자는 것이었다.

그들을 따라 이 산길 저 산길을 헤매었다. 거의 일주일 동안을 오늘은 이쪽 산으로, 내일은 저쪽 산으로 숨었다. 산길에서 가능하면 멀리 떨어진 곳을 찾아 숨었고 길에서 보이지 않는 깊숙한 곳까지 들어갔다.

날마다 성경책과 연필, 칼, 초록색 담요를 들고 새벽이면 집을 나섰다가 밤이 되기 전, 숲속에 어둠이 찾아들기 전 집으로 돌아왔다. 길에서 떨어진 숲속에 들어가더라도 반드시 초록색 담요를 덮어 멀리서도 우리를 발견할 수 없도록 했다.

나는 숲속에 숨어 있을 때면 나뭇가지를 꺾어 바늘을 만들었다. 그것으로 손바닥 만한 잎사귀를 함께 꿰어 몸을 덮었다. 내가 거처했던 방은 두 공간으로 나눠, 한쪽에는 커다란 구멍을 뚫어 급할 때 그 안으로 들어가 숨을 수 있게 했다. 그러나 잠잘 때 급습한다면 어쩔 수 없이 붙잡힐 수밖에 없었다.

언제 나타날지 모른다는 생각에 우리는 아예 밤이나 낮이나 집을 떠나 있기로 했다. 집에서 멀지 않은 곳의 숲속을 찾아 나섰다. 험한 산이라서 누워 잠을 잘 만한 곳 없이 모두 경사진 곳뿐이었지만, 거기서라도 잠을 청해야 했다. 그러나 얼마쯤 잠에 빠지다보면 몸이 아래로 내려가 발꿈치로 홈을 파게 되고, 그러다보면 그 홈을 비티고 잠을 잘 수밖에 없었다.

그러나 정작 잠들지 못하게 한 것은 경사진 땅보다 극성스럽게 달려드는 산중 모기였다. 귓가에서 윙윙거리는 모기소리를 들으면 언제, 어디를 물릴지 몰라 잠이 오지 않았다. 모포를 머리까지 둘러쓰고 잠을 청해도 소용없는 일이었다. 내 몸을 돌며 모포 틈을 찾아 물어댔고 모포 위로 침을 꽂기도 했다. 모기와의 신경전이 계속되는 가운데 밤을 새운 일도 있었다.

그렇게 산을 헤맨 지 3일쯤 지나 동광원 청년들이 돌로 된 자연굴을 발견했다. 굴이라고 해봤자 큰 돌이 비스듬히 누워 있어 겨우 3~4명이 비를 피할 수 있는 곳에 불과했다.

돌을 주워내고 작은 나뭇가지를 꺾어 바닥에 깔았다. 나는 함께 간 처녀와 함께 5일을 무사히 보냈다.

5일째 새벽, 멀리 사람이 보일 듯 말듯 한 새벽이었다. 한 사람이 흙색 모포를 둘러쓰고 우리 동굴을 향해 산을 오르고 있었다. 굴 안에서 숨어 보던 나는 그들이 가까이 와서야 긴 한숨을 내쉬었다. 동광원 산집에 피해 와 있던 이모 씨였다. 산집에 살던 정 선생은 키가 크고 한복을 입어 그리로 피해 오지 못해 자기만 왔다는 얘기를 했다.

그들은 그곳이 위태롭다고 생각하고, 우리가 있는 굴로 피신해 온 것이다. 그날 밤 이 씨도 굴로 왔다. 함께 동굴 생활이 계속됐다. 10일이 지났을 때 우리는 예기치 못한 동굴 침입자 때문에 굴을 떠나야만 했다.

19. 움막 생활

동굴 생활 10일째 되던 날이다.

아침에 서서히 내리기 시작한 비가 하루 종일 멈출 줄 몰랐다. 밤이면 모기와의 신경전을 벌이면서도 무사했던 10일간의 동굴 생활이었는데 난데없이 침입자를 만났다. 동굴 위에서 물방울이 떨어지기 시작하더니 나중에는 물줄기가 되어 나뭇가지와 잎사귀로 만들어 놓은 방을 흠뻑 적셨다. 엉덩이를 붙일 틈이 없었다. 몸을 웅크린 채 밑으로 바짝 몸을 붙였다.

비가 멎었으면 했지만 밤까지 계속됐기에 바위 밑에 붙어서 완전히 하룻밤을 새웠다. 다음날 동굴을 떠났다. 며칠간일 망정 나를 안전하게 보호해준 동굴이 고마웠다. 특히 내가 그 굴 안에서 생활하고 있을 때 동광원 산집에는 괴뢰군 15명이 새벽에 들이닥쳐 나를 찾았다고 했다.

갑자기 나타난 괴뢰군들은 "이곳에 유희레라는 여자가 있다는데 어디 있느냐"고 협박조로 산집 사람들을 위협했지만, 당시 그곳에 와 있던 여자들은 누구도 내가 숨어 있던 동굴을 몰랐기 때문에 무사할 수 있었다. 또 물에 흠뻑 젖었으면서도 감기에 걸리지 않은 것에 감사했다.

나는 다시 동광원 청년들과 함께 산집을 떠나 어디론가 길을 걸었다. 목적지도 모르고 무작정 따라가야만 했다.

험준한 산을 오르내리고 다른 산을 다시 오르내리고를 몇 번이나 했는지 모른다. 산을 내려와 어떤 때는 개천 물 가운데를 50여 미터씩 걸어가다 다시 산으로 오르기도 했다. 행여 우리를 추적하는 사람이 있으면 다시 산으로 오르는 발자국을 발견하지 못하게 하려는 것이었다.

그렇게 산을 오르내리고 하면서 꼬박 하룻밤을 보냈다. 너무나 피곤한 강행군이었다. 산집에서 아주 멀리 떨어졌다고 생각될 때쯤 조그만 냇가 숲속에 도착했다. 하도 숲이 우거져 그 속에 숨어 살면 쉽사리 발견될 것 같지 않았다. 그냥 숲속에서 보내려 했으나 밤 공기가 너무 싸늘했다.

조그만 움막이라도 짓자는 말이 나왔고, 우리는 손이 부르트도록 풀을 뜯어 모았다. 기둥을 만들어 세웠고 나뭇가지와 잎사귀를 지붕으로 삼았다. 아담한 움막이 됐으나 날씨가 추워 나중에는 풀로 벽을 만들었다.

하루가 지나면 반드시 다음날 새로 풀을 뜯어 지붕 위를 덮었다. 늦여름의 날씨라서 하루만 지나도 지붕 위의 풀이 말라버리기 때문이었다. 풀이 마르면 색깔이 변해 발각될까봐 날마다 아침이면 새 풀을 뜯어 얹는 것을 잊지 않았다.

그곳에서의 생활은 어느 곳보다 안전했다. 멀리 지나는 사람 하나도 발견할 수 없었다. 안전지대임을 안 우리는 그곳에서 찬송하는 여유를 보이기까지 했다. 10월을 며칠 남기지 않은 초가을이라, 날씨는 점차 추워졌다.

우리가 그곳에 온 지 2주일, 광주를 떠나 산(山)사람이 된 지 벌써 2개월 5일이 지났다. 9월 29일 밤이었다. 그날 밤 따라 날씨가 굉장히 추웠다. 밤 9시쯤 함께 있던 처녀가 밥을 짓기 위해 움막 안에서 불을 피웠는데, 그만 그것이 풀로 만든 벽에 옮겨 붙어 버렸다.

불길은 금방 온 풀 벽에 붙었다. 처음에는 어떻게든 불길을 잡으려 했지만 도저히 불가능하다는 것을 알고 짐만 겨우 꺼내고는 타도록 내버려두었다. 나뭇가지와 풀로 만들어진 움막이다 보니 요란스럽게 탈 수도 없었다. 불길은 10분도 못 돼 움막을 삼켜버리고, 그곳에는 잿더미만 수북이 쌓였다.

옆에 있는 풀로 옮겨 갈까 염려했으나, 다행히 바람이 불지 않아 집만 태운 채 불은 꺼졌다. 낮에 불을 피우면 연기가 올라가 발견될까봐 밤에만 움막 안에서 불을 피워 밥을 짓곤 하던 움막 생활도 끝났다.

성경책, 보조 등반을 꾸러미로 만들어 냇가 숲속을 떠났다. 동광원 청년들을 다시 따라가야 했다. 다시 산길을 타는 강행군이 계속됐다. 그러나 점점 길이 좋아졌다. 동네를 향해 내려가고 있음이 분명했다.

오전 10시쯤 어떤 산 밑 동네에 이르러 동네에서 약간 떨어진 집에 들어갔다. 그 집에서 점심을 겨우 먹고 다시 떠나자는 것이었다. 좀 쉬고 싶은 생각도 있었으나 나를 위해 수고하고 있는 동광원 청년들에게 너무도 감사하고, 미안해 아무 말도 못하고 그 집을 나섰다.

오전에 내려오던 산길을 버리고 다른 길로 다시 산을 올랐다. 동광원 청년들은 내가 동네에 있으면 금방 다른 마을 사람에게 발견될 것이 뻔하고 그렇게 되면 지금까지 한 고생이 허사가 될 뿐 아니라 어떤 불행한 사태가 일어날지 모른다는 생각에, 다시 산에 오른 것이다. 또 우리가 내려오던 산길을 따라 산에 오르지 않는 것도 우리 뒤를 밟는 사람이 있으면 그들을 따돌리기 위해서였다.

나는 그들의 치밀한 계획에 새삼 놀랐고, 2개월 이상을 불평 한마디 없이 나를 보호해 준 그들의 수고에 머리가 숙여졌다.

산속에 숨어 있다가 땅거미가 지고 캄캄한 밤이 되자

우리는 다시 산길을 내려왔다. 동광원 사람들이 아는 집에 묵었다. 나는 하루를 먹고 자고 먹고 자고, 저녁 때 다시 화순 한천을 향해 길을 떠났다.

20. 경찰의 거짓 결박

한국에 나와 농촌 이곳저곳을 두루 돌아다녔으나 이곳 화순 한천은 처음이었다. 산이 병풍처럼 둘러 있고 양지(陽地)를 찾아 아담하게 자리한 마을은 밖에서 보았을 때는 '어디서 전쟁을 하고 있는가?' 하고 의심할 정도로 조용한 곳이었다.

처음에 동광원 청년들의 안내로 한 집에 들었다. 그러나 다음날은 또 다른 집으로 옮겼다. 행여 한 집에 오래 있으면 고발당하거나 추적자에 의해 붙잡힐 것을 염려해서였다.

그리고 어느 집에 가나 반드시 어린아이들이 보지 못하게, 아이들이 잠자는 야밤에 옮겨 다니는 고역을 치러야 했다.

어떤 집에서는 3일을 묵게 됐다. 아침 일찍 일어나 아이들이 잠에서 깨어나기 전에 그 집 안방 높이 있는 벽장 속으로 들어가야만 했다. 아침에 한번 벽장에 들어가면 하루 종일 캄캄한 벽장 안에 있어야 한다. 지저분한 이부자리, 옷가지 등으로 온통 퀴퀴한 냄새가 코를 틀어막게 했다. 그러나 곧 숨이 막히면 어쩔 수 없이 코를 터놓고 참아내곤 했다.

나는 차라리 아이들이 보면 어떠냐 싶어 뛰쳐나오고 싶었으나 외국인을 처음 본 아이들의 쑥덕거림은 곧바로 괴뢰군에게까지 전해질 가능성이 많아 참는 데까지 참자고 버텼다.

아이들이 모두 집에서 나갔을 때였다. 벽장 문을 비스듬히 열어 "공기 좀 마시게 해달라"고 애걸하다시피 했다.

주인은 한번 아이들의 이름을 불러 보더니 대답이 없자 나에게 와서 어서 집 뒤에 가서 공기를 마시고 오라고 했다. 지금까지의 생활에서 이때처럼 맑은 공기의 귀중함을 절실히 느껴본 적이 없다. 마치 죽었다 살아난 것 같은 가벼운 기분이었다.

3일째 되던 날 한낮이었다. 함께 와 있던 처녀가 숨을 헐떡거리며 벽장 안으로 기어올라 왔다.

"도대체 무슨 일이오?"

다그쳐 물었으나 하도 숨이 가쁜 탓인지 대답을 못했다. 바로 그때 또 누가 벽장 문을 두드렸다. '아! 이제 모든 것이 여기서 끝나는구나.' "누구시오?" 하고 묻자 집주인의 다급한 목소리가 들려왔다. 집주인은 거의 숨이 넘어갈 듯 새파랗고 창백한 얼굴이었다. 처음에는 말도 못하고 있더니 "누가 온 것 같아요" 하고 벽장 깊숙이 파고들었다. 나는 다소 안도감이 들었으나 그것은 거의 몇 초에 지나지 않았다.

숨을 죽이고 있으니 세 사람의 숨소리가 더욱 크게 들리는 것 같았다. 누군가 문을 꼭 닫고 숨을 죽이고 있는 벽장 문을 활짝 열어 젖혔다. 기겁을 할 정도로 놀랐다.

벽장 문 바로 앞에 있던 처녀가 보이자 "내려와" 하고 밖에서 소리쳤다. 처녀는 '여기서 모든 것이 끝나는구나' 하는 표정을 지으며 궁둥이를 먼저 하고 벽장에서 내려갔다.

"주인 당신도."

주인도 마찬가지였다. 주인은 벽장을 내려가면서 나의 얼굴을 한번 힐끔 쳐다보았다. '당신들 때문에 화를 당하게 됐다' 는 얼굴처럼 보여 미안하다는 생각이 들었다.

우리야 당할 일이지만 우리를 숨겨주기 위해 힘쓴 주인마저 차마 눈뜨고 못 볼 일을 당하게 하나 하는 생각이 얼른 들었기 때문이었다. 겁에 질린 얼굴을 하고 있는데, 이제 내 차례였다.

"내려오시오."

누군가 점잖은 말로 벽장을 향해 말했다. 어차피 붙잡힌 것이 아닌가. 나는 아무 표정도 없이 벽장에서 바깥을 내다보았다. 아! 이것이 어떻게 된 것인가.

내가 아는 조 집사님, 동광원 사람들이 경찰과 한께 마당에서 내가 숨어 있는 벽장 문을 응시하고 있지 않은가. 이 생각 저 생각에 머리 속을 가다듬을 수 없었다.

'경찰이 어째서 저 사람들과 함께 왔을까. 그렇다면 저 사람들까지 모두 경찰에 잡혀온 것이 아닌가.'

내가 벽장을 내려와 방 문을 나서자, 조 집사와 동광원 사람들은 내게 이상한 웃음을 보냈다. 안심하라는 웃음 같기도 하고, 어떻게 보면 이제 '당신도 우리와 같은 신세가 됐다' 는 애처로운 웃음 같기도 했다. 경찰은 옆에 서서 한마디 말도 하지 않고 내가 마당으로 내려서는 것을 똑바로 바라보고만 있었다. 내가 마당에 막 내려섰을 때였다.

조 집사와 동광원 사람이 달려들어 오랏줄로 나를 묶으려드는 것이었다. 당황할 수밖에 없었다. 나를 묶으려면 경찰이나 경찰의 하수를 받은 젊은이들이 결박해야 마땅한 일인데 그들은 물끄러미 쳐다보고만 있었기 때문이다. 나의 초췌해진 모습을 구경이라도 하듯 쳐다보던 동네 어른들과 아이들의 얼굴도 여러 가지였다.

'저렇게 생긴 사람은 도대체 어디서 온 사람일까?'

'저런 사람이 언제 우리 동네에 들어와 숨어 있었을까?'

'저 사람은 왜 우리 동네에 와서 숨어 있는 것일까?'

심지어는 '저 사람을 숨겨준 우리 동네는 무사할 것인가?' 하는 걱정스런 얼굴까지 있었다. 조 집사와 동광원 사람들은 나의 이상한 눈초리를 알아채기라도 한 듯 또 다시 내가 벽장 속에서 나올 때 보았던 웃음을 보냈다. 그들은 웃음을 보내더니 곧바로 결박하기 시작했다.

21. 경찰 보호로 집에

그러나 그 결박은 시원찮은 것이었다. 꽁꽁 결박을 해야 할 터인데 아무렇게나 내가 힘들이지 않고 빠져나갈 수 있도록 허술하게 했다. 나는 동광원 사람이나 조 집사의 눈웃음에서 무엇인가 발견했지만, 묶는 것을 보고 모든 것을 확실히 알게 되었다.

'아! 이 사람들이 나를 잡아가기 위해 온 것이 아니고, 오히려 나를 보호하기 위해 왔구나.'

그러나 구경하던 동네 사람들은 우리가 잡혀서 끌려가는 것으로 생각했음이 틀림없었다. 모두 안타까운 표정들이었다. 우리는 경찰 트럭에 형식적인 결박을 당한 채 실렸다.

트럭이 곧 동네를 떠나자 나는 오랏줄을 풀어버렸다.

9월 29일 맥아더 장군의 인천상륙작전이 성공리에 끝나고 괴뢰군이 물러가고 남아 있는 괴뢰군도 독 안에 든 쥐 신세가 되어 힘을 잃자 부산에서 전남도경찰국장의 임명을 받고 온 사람이 나를 찾아낸 것이다.

신임 경찰국장이 부산을 떠나기 직전 광주에 가면 "유화례를 찾아보라"는 간곡한 부탁을 받았던 것이다. 나의 신변을 염려해 그렇게 간곡히 부탁한 사람은 바로 미첼 선생이었다. 미첼 선생은 당시 부산에서 선교하고 있었는데 이미 괴뢰군에게 점령당한 광주에 있는 나의 신변을 늘 걱정하다가 경찰에 있는 미국 고문을 만나 새로 전남에 부임해 오는 국장에게 부탁한 것이다.

부탁을 받은 경찰국장은 광주에 오자마자 내가 살았던 양림동에 수소문을 해보았으나 알 길이 없었는데 동광원 청년들에게 연락이 닿아, 나를 잘 아는 동광원 사람이 경찰을 데리고 화순에 온 것이다.

동광원 사람들은 내가 어떤 경로를 통해 피신했고, 내가 당시 어디에 있는지 잘 알고 있었기 때문에 내가 숨어 있는 바로 그 집으로 온 것이다. 나를 부탁한 젊은 선교사 미첼은 부산으로 피난가기 전 나와 함께 광주에 있던 사람이었다.

또 나중에 안 일이지만 형식적으로나마 나와 집주인을 묶은 것은 동네 사람들에게 미국인을 숨겨 주었다는 오해를 받지 않게 하기 위해서였고, 경찰이 우리를 잡았다는 소문이 나게 하기 위한 것이었다.

경찰 트럭 위에 실려 광주에 도착했다. 1950년 10월 6일 밤 경찰국장의 특별한 배려가 있었고, 그날 밤은 사무실 안에서 잠을 잤다. 국장은 내 신변을 최대한 보호해주기 위해 따로 침대를 하나 주고, 여경 1명을 배치, 한쪽 모퉁이에서 나와 함께 자게 했다.

나와 함께 광주에 온 우리 일행은 내 옆 의자에 걸터앉아 하룻밤을 보냈다. 나중에는 그전에 나와 함께 지내던 아줌마가 와서 밥도 지어주었다. 경찰서에 온 다음날, 나는 경찰 지프로 내가 살던 양림동 일대를 두루 돌아보았다.

나는 그날 돌아보고만 왔지, 살던 집으로 들어가지는 못했다. 살던 집은 76일 만에야 들어가 보았다. 내가 떠나면서 잠가놓은 열쇠 통이 망가져 대롱거리고 있었다. '이 집에도 괴뢰군이 들이왔었구나' 하는 생각이 직감적으로 들었다.

방 안으로 천천히 문을 열고 들어섰다. 어떻게 된 것인가. 밖에서 봤을 때는 별로 상하지 않았으리라 생각했는데, 안은 온통 아수라장이었다. 깨끗했던 벽에는 여기 저기 붉은 잉크로 공산주의 표어가 너절하게 적혀 있고, 창틀은 부러져 있었다. 평소에 아끼던 세간도 온데간데없고 방 안은 너저분하게 이것저것 흩어져 있었다. 또 덮는 이불이나 요의 덮개는 모두 다 가져가 버렸고, 남은 이부자리는 아무데나 팽개쳐 있었다.

경찰은 지금 들어가 살게 되면 위험하다고 했다. 집도 엉망일뿐더러 아지도 괴뢰군이나 반란군이 주변에 남아

들끓고 있다는 이유였다. 그래서 15일 동안 경찰국 안에 있는 방에서 살았다.

10월 8일, 나는 중앙초등학교 옆에 있던 동부교회에 예배를 드리기 위해 나갔다가 유엔군 소식을 들었다. 유엔군이 중앙초등학교에 있다는 것이었다. 나는 곧 중앙초등학교로 찾아갔다. 과연 그곳에는 유엔군이 들어와 임시 막사를 짓고 생활하고 있었다. 정말 반가웠다. 나는 곧 대위인 듯한 사람을 만나 반갑게 인사를 하고, 내가 어디 있는지 알려 주었다.

다음날 월요일 그 대위에게서 갑작스런 기별이 왔다.

전주에서 광주로 임시비행기가 왔는데, 그것을 타고 온 사람이 나에게 보내는 편지를 가지고 와서 나를 찾는다는 것이었다.

그 사람은 나의 안부가 궁금했던 미첼 선생의 편지를 가지고 왔다. 미첼 선생은 광주에 있던 내가 어떻게 됐을까 궁금한 나머지 전주에 와 있던 유엔군을 찾아갔고, 광주로 가는 비행기가 있다고 하니 그 편에 내 안부를 물어 온 것이었다.

22. 1·4 후퇴로 부산까지

미첼 선생이 보낸 편지에는 인톤 목사 내외가 전주에 왔다는 내용이 있었다. 나는 편지를 펴보고 모두 안전한 것을 알고, 항상 우리를 지켜주시는 하나님께 감사했다. 반가움에 그 자리에서 곧바로 답장을 써서 전주로 떠나는 비행기 편에 보냈다.

내가 만난 대위는 그날 온 부대가 전주로 가는데 같이 가자고 했다. 당시 유엔군은 민심을 안정시키기 위해 이곳저곳을 돌고 있었기 때문에 치안은 경찰에게 맡기고 곧 전주로 떠난다는 것이었다. 유엔군이 이렇게 돌아다니는 목적은 '전쟁이 앞으로 어떻게 될 것인가?' 그렇게 궁금해 하는 한국인에게 위로를 주기 위해서인지도 몰랐다.

나는 곧 따라나섰다. 긴 군 트럭의 행렬에 편승해서 전주로 향했으나 광산 비아를 갔을 즈음 모든 군대가 되돌아오고 말았다. 다리가 끊어져 갈 수가 없다는 것이었다.

15일 동안의 경찰국 생활이 끝나고 10월 20일쯤 이일성경학교 안 빈 방으로 들어왔다. 이일학교에 남아 있는 4명에게 성경을 가르치기로 했다.

그러던 어느 날, 내가 아는 할머니가 며느리를 데리고 찾아왔다. 18세 된 손자가 공산주의자에게 협력했다가 사형이 결정됐다는 것이었다. 할머니는 나를 붙들고 "어떻게 당신이 경찰에 찾아가 형을 면하게 할 수 없느냐"고 애걸을 했다. "나는 손자가 무슨 짓을 했는지 모르기 때문에 형벌에 대해서는 확실한 말을 못하겠소. 면회해서 얘기해 보겠소" 하고 대답할 수밖에 없었다.

나는 형무소에 찾아가 그와의 면회를 간청했다. 간수

들이 지켜보는 가운데 그를 만났다. 나는 그에게 조용히 얘기해줬다.

"네가 죄를 지었으면 죄의 대가를 받아서 죽더라도 지금 모든 것을 회개하고 예수를 믿도록 해라. 또 설사 애매하다 해도 지금부터 예수를 믿어라. 그러면 너는 하나님의 나라에 갈 수 있을 것이다."

그는 조용히 내 얘기를 듣고 머리를 숙였다. 만약 그가 그때 예수 그리스도를 믿었다면 그는 지금쯤 아버지의 나라에 있을 것이다.

12월 5일, 나는 세 번째로 수피아 교장 자리에 앉게 됐다. 그리고 한 달쯤 지났을까. 지긋지긋한 괴뢰군이 중공군의 지원을 받아 다시 38선을 밀고 내려왔다. 1·4 후퇴였다. 한국 목사와 교인들이 내게 찾아와 해군 LST함정이 원산 등에서 이북 피난민을 싣고 내려왔다고 알려주며 말했다.

"만약 그들이 다시 내려오면 믿는 사람은 한 명도 못 살게 됩니다. 유 선교사가 부산에 내려가 해군 수뇌들에게 얘기해 대포까지 LST를 보내 피난 갈 수 있도록 해주십시오."

목사들의 얘기는 부산에서 종이를 가득 실은 차가 양식을 바꾸기 위해 광주에 왔으나 누구 하나 바꿔주지 않아 그냥 돌아가는데 그 차를 탈 수 있도록 얘기해 놓았다는 것이다. 그들은 트럭을 인솔하고 있는 지프의 좌석을 허락받은 모양이었다.

다음날 7시쯤 차가 떠난다고 했다. 목사 대표 1명과 동광원 대표 1명이 함께 가겠다고 나섰다. 지프차에 6명이 탔다. 함께 간 대표 2명은 짐을 가득 실은 트럭 위에 올라탔다. 조그마한 지프에 나까지 7명이 탔으니 오죽 답답했겠는가.

담양에 이르러 나는 참다 못해 트럭 위로 올라가겠다고 했다. 내게는 특별 배려를 한 것인지 트럭 운전사 옆자리에 앉도록 해주었다. 순창, 남원을 거쳐 진주로 달렸다. 밤에는 위험해 겨우 낮에만 가능한 한 큰길을 택해 달렸다.

4일 만에 부산에 도착했다. 캄캄한 밤중이었다. 온통 부산은 피난민의 물결이었다. 가는 곳마다 보따리를 걸머

지고 어린아이의 손목을 잡은 피난민들로 가득했다. YMCA가 부산으로 이사왔다고 해 우선 그곳으로 갔다. 낯선 지리라서 물어물어 겨우 찾아냈다.

아! 차마 눈뜨고는 보기 힘든 가련한 모습들이었다. 건물에 들어서자 바로 복도와 사무실에는 피난민으로 발 디딜 틈이 없었다. 사무실 안에 테이블이나 의자에 지칠 대로 지친 피난민들이 아무렇게나 걸터앉아 졸고 있었다. 나는 테이블 위에 자리를 비집고 들어가 내가 가지고 간 침구를 깔고 그곳에서 이런저런 생각으로 가득한 머리를 식히고 잠이 들었다.

다음날 한 교회를 찾아갔다가 아는 미국인 선교사를 우연히 만났다. 그는 나에게 "무슨 일이냐?"고 물었다. 미군에 가서 배를 알아보기 위해 왔다고 했더니 그 선교사는 인톤 목사 부인이 부산에 있다고 알려주었다. 인톤 목사 혼자만 돌아가고 부인은 부산에 남아 있었던 것이다. 그리고 인톤 목사가 부산 선교사 집에 있다가 전주로 떠나 그 집이 비어 있다는 것도 얘기해 주었다. 밥도 먹지 못하고 인톤 목사 부인이 있다는 집을 찾아가 문을 두드렸다.

23. 1·4 후퇴의 공포

인톤 목사 부인이 나왔다. 부인은 나를 보자마자 두리번거렸다. 내가 두터운 솜바지에 무명베로 만든 모자에 털 오버를 입어 뚱뚱해졌기 때문이었다. 함께 간 2명은 그 건물 밑에 있는 성경학교 기숙사로 들어갔다.

인톤 목사 부인에게 광주에서 부산까지 온 사실을 얘기했다. 부인은 전에 순천에 있던 보열 목사가 와 있다고 알려주며, 그에게 가면 잘 도와줄 거라고 했다. 부인은 자기 지프에 나를 태우고 보열 목사 집에 갔다. 우리는 그날 보열 목사의 인도로 미군이 있는 곳에 도착했다.

사령관처럼 보이는 사람이 한마디로 잘라 말했다.

"우리는 미군으로서 그 같은 일을 할 형편이 못 되오."

그는 한국인 해군부사령관에게 우리를 안내해주었다. 사무실에 들어갔지만, 그가 없어서 기다리는 수밖에 없었다. 기다리는 동안 나는 부사령관의 책상 위에 놓인 성경책을 보았다.

'이 사람도 믿는 사람인 모양이구나.'

믿는 사람이라면 우리 얘기를 들어줄지 모르겠다는 생각도 들었다.

얼마쯤 있다 부사령관이 들어왔다. 얼굴이 무척 선했다. 나는 자초지종을 얘기했다. 교인들의 피신을 위해 대포까지 LST함을 보내주어 그곳에서 배를 타고 떠나도록 해주셨으면 좋겠다는 얘기를 했다. 다 듣고 있던 부사령관은 한동안 아무 말도 하지 않고 생각에 잠겼다. 그는 아주 정중하고 예의 바르게 입을 열었다.

"여러분, 이미 위급한 것은 지났습니다. 38선을 밀고 내려오던 공산군은 다시 후퇴하기 시작했습니다. 또 설사 장군이 그렇게 말하지 않았다 하더라도, 한국인은 한국에 남아 있어야 하지 않겠습니까?"

조용하고 차분한 얘기였다. 나는 부사령관의 말에 가슴이 찡해왔다.

"위태롭다 하더라도 한국인은 한국에 남아야 한다."

얼마나 무서운 말인가. 국가가 위태롭다고 모두 조국을 떠나면 이 나라는 누구의 것이 될 것인가? 나는 그 부사령관의 얼굴을 다시 한 번 쳐다보았다. 굳은 결의와 신념에 차 있는 얼굴이었다. 무슨 일이 있어도 조국을 지켜야겠다는 결의를 읽을 수 있었다. 우리는 모두 고개를 떨구고 부사령관실을 나왔다.

우리가 4일 동안 부산까지 가는 중에 내려오던 공산군이 패퇴하여 물러섰다는 것을 알게 되었다.

며칠 후 광주로 돌아오기 위해 부산항으로 나갔다. 부산항은 온통 피난민으로 들끓어, 마치 다시 전쟁이 일어난 듯한 착각을 불러일으켰다. 우리는 여수로 떠나는 배표를 사기 위해 줄의 맨 뒤에 섰다. 우리가 서 있던 줄이 점점 매표구에 가까웠을 때 표가 나오는 조그만 문이 드르륵 닫혀버려 하는 수 없이 발길을 돌렸다.

우리는 다시 인톤 목사 부인 집으로 향하다가 혹시 기차가 있지 않을까 싶어 기차역으로 갔다. 다음날 오전 서울로 가는 환자 호송차가 있다고 했다.

다음날 기차에 몸을 싣고 대전에 왔을 때 기차가 그곳에서 자고 간다는 이야기를 들었다. 우리는 그곳에서 기차를 바꿔 타기 위해 내려, 역에 있는 미군 사무실을 찾아갔다. 자고 갈 만한 자리가 없겠느냐고 사정을 이야기했다.

"환자 호송차의 간호원들이 육군병원으로 가서 잠을 자니, 그 자리가 비어 있습니다."

나는 기차 안으로 다시 올라갔다.

조그마한 방이었지만 그곳에서 하룻밤을 편히 잘 수 있었다.

이튿날 아침 나는 충남도청을 찾아갔다. 그곳에는 미 고문관이 있었기 때문이다. 광주까지 내려가는 차를 물었으나 전주까지 가는 차밖에 없다고 했다. 우리는 전주라도 가야겠다는 생각에 그들과 함께 그날 오후 대전을 떠나 캄캄한 밤에 전주에 도착했다.

인톤 목사가 있는 집까지 데려다주었는데, 그곳에는 마침 광주선교사회 지프가 와 있었다. 그래서 그 차를 타고 가기로 했다.

드디어 전주를 떠나 광주로 향했다. 순창, 담양을 거쳐 광주에 도착했다. 주요 읍을 지날 때마다 우리는 가고 있는 길이 안전한가를 반드시 묻고 떠나곤 했다. 어디서나 낮에는 괜찮으나, 밤길은 아직 위험했다. 그때까지도 남아 있는 괴뢰군이나 빨치산이 양민을 괴롭히고 있었기 때문이었다.

우리는 그렇게 광주를 떠난 지 13일 만에 다시 돌아왔다.

그해 봄 3월 괴뢰군이 남침한 이래, 12만 명의 군인 중 4만 명이 죽었다는 소문이 나돌던 영광에 집회 인도를 위해 길을 떠났다. 가보니 읍(邑)교회도 불살라지고 없었고, 목사도 피난 가고 없었고, 전도사 1명이 교회에 남아 "남아 있는 교인들을 위해 집회를 인도해 달라"고 했다.

나는 그곳에서 엄청난 사실을 발견했다. 어쩌면 생에 가장 보람된 일을 했는지도 모른다.

::방에 태극기와 애국가를 붙여놓고
늘 한국을 위해 기도했던 유하례 선교사

24. 공산당의 학교 침투

낮을 이용해서 우리는 지프로 영광읍에 갔다. 밤에는 언제 어디서 패잔 괴뢰군이나 빨치산에게 붙잡힐지 모르는 때라서 어디를 가든 낮에 움직였다.

전도사집에는 많은 자수자들이 있었다. 머리를 깎은 고등학생, 양 갈래로 머리를 땋아 내린 여고생도 있었다. 그들은 모두 얼마 전에 산에서 내려왔다고 했다. 당시 자수자들은 전쟁이 공산군의 패배로 돌아가자 모두 산으로 도망쳤었다.

괴뢰군에게 협력했던 사람들은 전쟁이 패배로 기운다는 것을 알고 자기들에게 닥쳐올 위험이 무서워 산으로 기어 올라갔던 것이다. 이렇게 공산주의 협력자들이 산에 올라가 있을 때 연락이 갔다.

자수하면 벌을 감해주든지, 용서해주겠다는 전갈이었다. 산에서 살길이 막막한 이들은 경찰의 설득에 자수, 하루에도 자수자가 영광읍만 해도 수십 명이었다. 내가 도착한 교회의 전도사 집에 자수자가 머물게 된 것은, 전도사가 영광 경찰과 협조해왔기 때문이었다.

전도사는 내게 "자수자가 있는데 만나보겠느냐"고 했다. 나는 "그들이 나를 만나고 싶어 하면 기꺼이 만나겠다"고 대답했다. 18세 정도의 고등학교 남학생 2명과 여학생 1명이 있었다.

처음에는 아무 얘기도 하지 않다가 내 앞에 앉아 있는 남학생에게 물었다.

"학생은 무엇 때문에 사람을 죽였소?"

3명을 죽였다는 남학생은 묻는 말에 바로 대답하지는

"공산주의에 대한 서적이었어요."

그녀는 그때부터 계속 말을 이어가기 시작했다.

"제가 읽은 책에는 우리는 공평하게 살 수 있다고 돼 있었어요. 저는 비록 가난하지만 그 책에서 본 대로만 한다면 모든 사람이 골고루 살 수 있는 좋은 사회가 될 것 같았어요."

그녀는 공산주의 서적을 탐독한 후 공산주의 사상이 머리에 뿌리깊이 박혀버렸던 모양이었다. 그녀는 자기 학교의 책임자로서 다른 학교 학생들까지 공산주의에 가담하도록 하는 열성을 보이기까지 했다는 것이다.

"그 책을 학생은 어디서 구했지?"

6 · 25가 터지고 얼마 되지도 않았는데 언제, 누구의 손을 거쳐 고등학생의 손에까지 공산주의 서적이 들어갔는지 궁금하였다.

"학교 선생이 보라고 주던데요."

그녀는 서슴지 않고 대답했다. 아마 당시 학교에는 공산주의 사상에 물든 선생들이 있었는데, 그들로부터 서적을 받았던 모양이다.

“공산주의에 대한 서적이었어요.”

그녀는 그때부터 계속 말을 이어가기 시작했다.

“제가 읽은 책에는 우리는 공평하게 살 수 있다고 돼 있었어요. 저는 비록 가난하지만 그 책에서 본 대로만 한다면 모든 사람이 골고루 살 수 있는 좋은 사회가 될 것 같았어요.”

그녀는 공산주의 서적을 탐독한 후 공산주의 사상이 머리에 뿌리깊이 박혀버렸던 모양이었다. 그녀는 자기 학교의 책임자로서 다른 학교 학생들까지 공산주의에 가담하도록 하는 열성을 보이기까지 했다는 것이다.

“그 책을 학생은 어디서 구했지?”

6 · 25가 터지고 얼마 되지도 않았는데 언제, 누구의 손을 거쳐 고등학생의 손에까지 공산주의 서적이 들어갔는지 궁금하였다.

“학교 선생이 보라고 주던데요.”

그녀는 서슴지 않고 대답했다. 아마 당시 학교에는 공산주의 사상에 물든 선생들이 있었는데, 그들로부터 서적을 받았던 모양이다.

다른 학교를 찾아다니면서까지 공산주의 이론을 좋은 것으로 말하고 다니는 여학생을, 괴뢰군들이 놓칠 리 만무했다. 그들은 그녀를 무척이나 좋아했고, 많은 것을 협조해주었다. 그녀가 한창 열을 올리고 있을 때, 유엔군의 인천상륙작전이 시작됐다. 독 안의 쥐가 된 공산군들은 깊은 산속으로 들어가게 됐다.

공산주의에 일시적으로나마 협력했던 많은 사람들이 산으로 들어갔다. 그중에는 공산주의 사상이 꽤 깊이 박힌 사람들도 있었다. 젊은 학생, 부녀자들까지 산속으로 들어갔다. 유엔군의 상륙작전이 성공하자, 공산주의자들은 그녀에게도 산으로 같이 올라가자고 했다. 권유에 못 이겨서라기보다 그녀 자신이 솔선해서 따라들어갔을지도 모를 일이었다.

그녀가 처음 산에 들어갔을 때는 별다른 것을 보지 못했다. 그러나 곧 그녀는 자기가 커다란 착각 속에 빠져 있다는 것을 알게 됐다. 그들과 함께 생활하는 동안 그녀는 너무나 잔인하고 무서운 것을 발견했다.

그녀는 내 앞에서 울음 섞인 목소리로 그들의 잔학상

을 얘기하다 말고 더 이어가지 못했다.

"정말 너무나 무서운 것만 보았습니다."

그녀는 거의 떨고 있었다.

"또 내가 읽었던 책과는 너무나 달랐습니다. 책에는 그렇게 적혀 있지 않았었는데……."

공산주의 사상을 그대로 받아들인 순진한 여학생은 빨리 빠졌다가, 그만큼 크게 실망해버린 것이다.

그녀가 책에서 보았던 공산주의는 금방이라도 부유층과 영세근로자까지 골고루 잘살게 해줄 것 같았지만, 며칠 동안의 생활을 통해 그녀는 그것이 환상이라는 것을 깨달은 것이다.

"선생님, 저 같은 사람이 무엇을 하겠습니까?"

그녀는 고개를 숙인 채 울먹였다.

25. 수피아와 이별

영광에서 1주일 동안의 집회 인도가 끝나고 광주에 무사히 돌아왔다. 나는 그곳에 있으면서 1백 명 이상의 자수자에게 하나님의 말씀을 전하고 돌아온 것이 무엇보다도 흐뭇했다. 지금까지 했던 어떤 일보다 보람된 일처럼 생각되었다.

특히 젊은 남녀 고등학생들의 회개하는 마음을 볼 때는, 가슴이 뭉클할 정도로 감사했다.

1950년 7월 18일 42년의 전통을 지켜오면서 모진 고난, 일제의 신사참배와 폐교를 당하면서도 다시 문을 열었던 수피아가 다시 교문을 닫았다.

6 · 25가 터지고 공산군이 물밀듯 밀고 내려오면서 점차 광주에 가까워지자 하는 수 없이 임시 휴교를 했다.

그로부터 130일 만인 11월 28일 공산군이 물러가고 사회가 안정되자, 다시 학교 문을 활짝 열었다.

12월 5일, 나는 제10대 수피아 교장에 취임했다. 한국에 와 세 번째 교장 자리에 앉게 된 것이다.

1951년 7월 18일 당시 6학년 10명이 졸업해서 학교 문을 나섰다. 졸업생으로는 문영순 씨(수피아 여고 교사) 등이 있다. 그때 6학년 10명, 중학 49명, 4학년 32명이 한꺼번에 졸업하게 됐다. 5학년은 한 명도 없었다.

이렇게 한꺼번에 졸업식을 갖게 된 것은 1951년 8월 31일부터 교육법이 개정돼 고등학교 학제 개편이 이루어졌기 때문이고, 그로 인해 중학교 6학급, 고등학교 3학급이 됐다.

1952년 봄, 이때부터 4월이 학년 초가 되었다.

1953년 3월 17일 고등학교로서는 처음인 제1회 졸업생을 10명 배출했다. 1955년 4월 12일 수피아학교의 설립자가 재단법인 한국남장로교한국선교회 유지재단으로 변경됐다.

:: 아시아 탁구 선수권 대회에서 우승하고 돌아온 최경자 양과 함께 (1958년)

탁구선수 최경자를 잊을 수 없다. 최 양의 천재적인 탁구 실력은 전 수피아인들을 열광케 했다. 1957년 1월 31일 최경자는 필리핀에서 열린 제4회 아시아탁구선수권대회에서 우승을 차지했으며, 3월 8일 세계탁수선수권대회에서 2위를 차지하여, 한국 여성의 강인함을 보여주었다. 최 양이 학교에 돌아왔을 때, 환영 인파는 대단했다. 엄청난 꽃다발 세례에 묻혔는데, 그녀는 우리 수피아인의 자랑이었다.

1957년 10월 17일 나의 교육사업 30주년을 기념하는 식이 열렸다. 아울러 개교 50주년(내가 다음해인 1958년에 미국에 나가야 했기 때문에 1년씩 앞당겼다) 기념식도 열렸다. 감회가 깊은 날이었다. 하나님의 뜻에 따라 한국에 온 지 벌써 30년이 되었던 것이다. 동창들이 몰려와 축하를 해주었다. 그동안 만나보지 못했던 졸업생들도 오랜 만에 보았다. 기념촬영, 운동회, 학교는 온통 축제 분위기였다.

:: 유화례 선교사의 선교 및 교육사업 25주년 기념식때 교직원들과 함께(1951. 11. 13)

1956년 9월 24일 밤을 잊을 수가 없다. 한국의 명절 추석이었다. 휘영청 달이 밝은데, 전교생이 모여 모닥불을 가운데 피워놓고 돌면서 강강술래를 했다. 보는 사람이나 하는 사람이나 얼마나 즐거웠는지, 무척 짧은 밤이었다. 그 후 수피아의 강강술래는 계속돼 1958년 8월 15일 정부수립 10주년으로 서울에서 열린 민속예술경연대회에서 우수상을 받기도 했다.

1958년 여름 안식년을 위해 미국으로 들어갔다. 그리고 1959년 8월쯤 다시 돌아왔다. 1957년 9월 17일, 당시 교감선생이던 정부 선생이 교장으로 오고, 나는 봉사교장으로 섬겼다.

1960년 10월인 듯싶다. 정든 수피아를 떠났다.

한국에 처음 와 이른 아침에 수피아 교정에 나가 등굣길 학생의 맑은 눈망울을 보았던 것이 나와 수피아가 가장 먼저 맺은 인연이었다고나 할까.

그동안 학교 문을 닫아도 보았고, 학생들의 데모 군중에 갇혀 긴 밤을 지새우기도 했다. 교장으로 있을 때 항상 마음속으로 학생들이 세상에 나가 세상의 소금이 되길 원했다. 어디에 있든지 그곳에서 세상 사람들의 본이 되고, 남을 좋은 길로 인도하는 여성이 되기를 바랐다.

1960년 8월부터 목포로 갔다. 목포에 있는 미션 계통 성경학교 교장으로 일하며 성경을 가르쳤다. 그러나 학교 일은 오래가지 않았다. 1961년 봄 인톤 목사 부인이 돌아와, 그녀에게 물려주었다.

나는 1961년 봄부터 다시 시골에 전도 사업을 위해 돌아다녔다. 해남 마산면 마산중앙교회와 강진, 나주, 양진도 등 농촌 구석구석 심지어 신안군 도초도, 하의도, 비금도 등 섬까지 돌아다녔다.

그냥 가기도 했지만 대부분 교회의 집회 인도를 위해 갔고, 가면 교회에서 걸을 수 있는 거리에 있는 마을은 반드시 들어가 하나님의 말씀을 전했다.

보통 한곳에 이르면 5~7일 정도, 2~3일 정도 있다 돌아오곤 했다. 반드시 낯선 부락에 들어갈 때는 우리가 먹을 양식을 가지고 다녔다.

항상 나는 이순정 여집사와 함께 농촌에 나가 하나님의 말씀을 폈다. 또 목포에 있을 당시에는 정명여학교에 나가 며칠 동안 인도하기도 했고, 목포교도소에 들러 일시적인 잘못으로 푸른 수의를 입고 실의에 빠져 있는 사람들에게 성경 말씀을 전해 희망을 주기도 했다.

26. 70세에 정년 퇴직

1963년 초여름 나는 선교회의 규칙에 따라 선교사 생활을 마감했다. 하나님의 말씀을 전하고, 우리를 위해 십자가의 고난을 겪으신 예수를 믿게 하기 위해 선교사가 된 지 37년 만이었다. 정년이 70세로, 33세에 선교사 생활을 시작해서 70세까지 내가 얼마나, 무슨 일을 했는가 하는 생각이 들었다.

선교회의 규정에 의하면 70세가 되면(지금은 65세) 선교사를 그만두어야 하고, 연장할 경우 3년간은 해마다 허락을 받아야 했다. 그리고 70세가 못 되더라도 선교사가 된 지 40년이면 은퇴해야 한다.

나에게는 3년간 연기를 하겠느냐고 물었다. 연기를 한다면 한국에서 그대로 선교할 수 있도록 해주겠다는 것이다. 나는 우선 미국으로 돌아가기로 작정했다. 그러나 마음속에는 한국에 다시 돌아오겠다는 생각이 가득했다. 1927년에 한국 땅을 밟아 안식년을 위해, 2차 세계 대전으로 고국에 돌아간 것을 제외하면 약 25년을 보내고 돌아가게 된 것이다.

:: 교장직에서 은퇴한 뒤 노후를 보낸 광주 양림동 조그만 양옥 앞에 선 유화례 선교사

선교회에서는 내가 1964년에 돌아오면 다시 한국에서 3년간 일할 수 있도록 하겠다며 내 의사를 물었다. 나는 하고 싶지 않다고 대답했다. 선교사 생활이 싫어서라기보다 좀더 자유롭게 돌아다니며 일하고 싶어서였다.

특히 순진하기만 한 농촌에 들어가 그들을 위해 기도하고, 그들이 하나님 나라로 갈 수 있도록 인도하는 사업을 하고 싶었다. 떠나기 전에 약간의 돈을 나와 항상 함께 다니던 조성수 씨 내외에게 주어 그들의 돈과 합해 양림동에 조그마한 집 한 채를 마련하도록 했다. 나는 비행기에 올라 깊은 생각에 잠겼다.

"하나님께서 보내주시면 제가 다시 이 땅에 돌아오겠습니다."

나는 미국 땅에 돌아가 그해 12월 21일에 70세 생일을 맞았다. 그렇게 해서 12월이 지나면 나는 자동적으로 선교회와는 결별하게 된다.

1964년 3월 20일 로스앤젤레스의 어떤 종교잡지 사무실에 들어가게 됐다. 그곳에서 5개월을 무보수로 일했다.

1964년 8월 20일 나는 다시 내 고향 한국으로 간다는 기쁜 마음을 안고 샌프란시스코에서 화물선에 올랐다. 마치 미국이라는 낯선 곳에 왔다가 고향으로 가는 것 같았다. 9월 말쯤 인천항에 도착했다. 광주에 오자 나를 보는 사람들마다 "다시 왔느냐?"며 반겼다. 나는 하나님께서 나를 이 땅에 돌아올 수 있도록 허락하셨다고 말해주었다.

한국에 온 나는 농촌을 돌아다니기 시작했다. 주로 편지나 나를 직접 찾아와 방문해 달라는 부탁이 대부분이었다. 나는 시골에 나가, 너무나 많은 것을 보고 느낄 수 있었다.

어떤 곳에서는 한 남자가 찾아와 "나는 전도사님의 행실이 너무 좋아 예수 믿게 됐다"고 하는가 하면, 어떤 교회에서는 서로 미워하던 사람이 교회에 나와 서로 회개하고 웃는 얼굴이 되기도 했다. 앞에서 말한 전도사는 예수님이 말씀하신 참된 빛을 비추는 사람인 것이다.

가는 곳마다 믿는 자에게 더욱 굳센 믿음을 심어 주고, 새로 믿는 사람이 늘어날 때마다 얼마나 즐거웠는지 모른다.

가는 곳마다 믿는 사람이 많아졌다. 강원도까지 찾아

가 교회 집회를 인도했다. 목포 성경학교 출신이 신학교를 나와 일하고 있어서 그의 연락을 받고 갔다.

1968년 4월, 제주도 북제주군 한경면 두모리교회까지 찾아가 1주일 동안 말씀을 전하고 왔다. 나의 생각은 어디를 가나 마찬가지였다. 보다 많은 사람에게 성경 말씀을 전달해서 그들이 이 땅의 소금이 되고 빛이 되게 하는 것이었다.

강진, 마량과 비금도 등은 2~3차례 다시 가서 집회를 인도해주기도 했다. 대부분 한 번 갔다 오면 많은 시골교회에서 다시 와 달라는 연락이 오곤 했으나, 안타깝게도 그럴 수 없었다. 특히 1947년 한국에 오면서 가지고 온 아코디언을 연주할 때면, 농촌아이들의 즐거움은 이루 말할 수가 없었다. 1964년부터 1968년까지 동분서주 뛰다 보니, 어떻게 시간이 흘러가는 줄 모르게 지나갔다.

내 몸도 서서히 쇠약해졌다. 점차 몸이 마음대로 되지 않자, 농촌에서 한 번만 와달라는 연락이 와도 가보지 못해 가슴이 매우 아팠다.

나는 1968년부터 교도소를 나가기 시작했다.

다른 선교사가 14세부터 길러 고교 졸업까지 시켜준 아이가 있는데, 나쁜 친구들과 어울려 다닌다며 내게 보냈다. 바로 그 청년 때문에 교도소에 나가게 된 것이다. 선교사가 보낸 그 청년은 자기의 깡패 친구 2명이 광주교도소에 수감돼 있는데, 거기 가서 그들을 좋은 길로 인도해달라고 부탁했다.

교무과장에게 사정을 얘기했더니 쾌히 승낙해주었다. 사무실로 그 청년 2명을 불러 만났고, 그 후 나는 거의 주일마다 한 번씩 교도소를 찾아갔다. 그들에게 요한복음을 전하고 함께 성경 말씀을 공부했다. 내가 매주 나가자, 그들이 성경공부를 하고 있다는 것을 다른 죄수들도 알게 됐다. 소문이 퍼지자 다른 죄수들도 같이 성경공부를 하기 원했다. 나는 좋은 일이라고 여겨 승낙해주었다.

:: 선교사 임기를 마치고 미국으로 떠나면서 광장에서 기자들과 함께 (1964년)

27. 영원한 고향 한국

나는 동명동 광주교도소를 1971년까지 거의 매주 찾아가 수인들에게 삶의 의지나 집념, 하나님께로 향하는 마음을 심어 주기 위해 힘썼다. 함께 교도소에 나가던 신경만 목사가 갑자기 세상을 뜨게 되어, 나는 더욱 열심히 교도소에 나가 수인들을 위해 기도했다.

나중에는 여자 죄수들에게 따로 성경 말씀을 전하고, 그들이 회개하고 밖에 나가 새 생활을 할 수 있도록 했다.

주일마다 하는 교도소 성경공부는 나중에 1백여 명 이상이 모였다.

이런 생활을 계속하고 있을 때 서울에서 소식이 왔다. 딸처럼 나를 따르던 김점순 씨가 "어머님께서 7년 동안이나 미국에 다녀오시지 못했으니, 한번 다녀오십시오"라는 내용으로 연락을 한 것이다. 그녀는 일제 치하에 이일성경학교를 다니던 학생으로, 결혼해 있으면서 내가 오랫동안 미국에 다녀오지 못한 것이 짠했던 모양이었다. 그들 부부는 오고가는 비행기 표 값을 모두 부담하겠다며, 나에게 다녀오라고 했다.

1971년 9월, 그렇게 미국으로 떠나 7개월을 보낸 나는, 1972년 3월에 다시 고향 한국 땅을 밟았다.

다시 교도소에 나가고 집에 찾아오는 사람에게 성경 말씀을 전하는 일이 시작됐다. 집에 찾아오는 사람들 중에는 성경을 잘 모르겠다며 가르쳐 달라고 오는 사람, 새로 예수를 믿겠다는 이도 있었다.

교도소에 나간 후 나는 너무나 많은 사람들로부터 깊은 감동을 받았다. 10년 형을 받은 어떤 죄수는 나를 만나 함께 하나님 아버지의 말씀을 공부하는 동안 완전한 새 사람이 돼 모범수로 있다가, 교도소를 나온 후에도 묵묵히 일하면서 교회에 열심히 다녔다.

나는 이런 사람을 볼 때마다 정말 하나님께 감사한다. 또 그들이 매주 교도소를 찾을 때마다 믿음 가운데 자라나는 것을 보면 눈시울이 뜨겁기도 했다.

죄수들 중 출감한 후 나를 찾아온 사람이 온전히 아버지의 말씀 속에 생활하고 있다고 생각될 때는 아버지의 말씀을 전하기 위해 내가 한국에 온 보람을 느낀다.

이제 내 나이 81세로 1927년에 처음 부산 땅을 밟았던 때가 엊그제 일처럼 생생한데 어느새 지긋한 노인이 되었다.

생소한 한국 땅에 발을 디뎠는데 말이 통하지 않아 답답하던 시절, 학교 문을 닫게 할 수 없다고 우리 집 마당을 점거하고 밤새 추위에 떨던 귀여운 딸들, 신사참배로 학교 문을 닫고 어쩔 수 없이 미국으로 들어가던 때의 쓰라림 이 모두가 생생한 엊그제 일마냥 주마등처럼 지나간다.

수피아의 딸들, 맑고 고운 마음씨를 간직한 수피아인들은 이제 가는 곳에서 훌륭히 자라고 있다. 교회에서 학교에서 가정에서 고아원에서 모든 사람의 빛이 되어 바른 길을 비춰주고 있다.

새삼 나는 수피아를 위해 무엇을 얼마나 했는가 하는 생각이 들면서 '내가 할 일을 다 했는가?' 자문해 보았다. 보다 더 훌륭한 수피아인으로 열심히 했더라면 하는 아쉬운 마음이다.

한국의 농촌은 얼마나 순박했던가. 가는 곳마다 일본 경찰의 감시 속에 고난을 겪었으나, 나는 한국인들이 좋다. 경찰에게 괴롭힘을 당하면서도 내가 나타나기를 바라던 시골교회 교인들, 털모자를 쓴 나를 보자 도망하던 아낙네, 모든 이들의 마음에 하나님의 말씀이 자라고 있을 것이다.

6 · 25의 피난길엔 발이 부르튼 줄도 모르고 산길을 기어올랐었다. 환자로 가장, 헌 담요에 싸인 채 지게에 실려 논두렁을 가던 일이며 동굴 속에서 밤낮을 보내며 초조했던 나날들이며 모두가 내 고향 한국에서만 가지는 고난과

즐거움이었다.

내가 처음 광주 땅을 밟아 하룻밤을 새고 다음날 아침 창밖으로 보이던 무등산은 다소곳한 색시 같았다. 무등산은 변함없이 지금도 새색시마냥 다소곳한데, 어느덧 나의 몸은 쇠약해졌다.

지금은 거의 양림동 아담한 내 집에서 생활하고 있다.

주일은 광주북문교회에서 예배 드리고 월요일과 금요일은 UBF에서 영어성경공부, 목요일은 교도소로, 토요일은 내 집을 찾는 6~7명의 고아들과 함께 하나님의 말씀을 공부하면서 일주일을 보낸다.

시간 나는 대로 뜨개질을 하고 있다. 어린아이 옷도 만들고 담요도 만든다. 만든 것을 가난한 이웃에게 전달하고 나면 마음이 한결 가벼워진다.

나는 어디에 뼈를 묻을 것인가? 가끔 기도할 때마다 내가 한국에 있는 것이 하나님의 뜻인지 묻곤 한다. 그러나 나는 분명 정든 고향 한국을 떠날 수 없고, 이것이 내 사명이 아니겠냐는 생각 속에 잠긴다.

하나님께서 우리를 위해 독생자 예수님을 보내주셨다.

독생자 예수님이 우리의 죄를 대신 짊어지고 십자가의 고난을 겪지 않으셨는가. 독생자 예수님의 십자가 죽음 때문에 형벌을 피할 수 있었다면, 우리는 보다 깊은 믿음으로 하나님께서 기뻐하실 일을 해야 하지 않겠는가.

내 슬픔, 내 기쁨 모두 있는 곳 내 고향 한국에서 나는 하나님의 사업을 하다 부르심에 따라 하나님 앞으로 가겠다.

:: 수피아 학교 동창회 회원들과 함께

:: 제자가 꽃을 달아 주고 있는 은퇴식 때의 모습

한국 선교와 전라도 선교의 어머니
유 화 례

2013년 3월 25일 인쇄
2013년 4월 5일 발행

글 | 유화례
엮은이 | 안영로
발행인 | 이형규
발행처 | 쿰란출판사

주소 | 서울특별시 종로구 이화동 184-3
TEL | 02-745-1007, 745-1301, 747-1212, 743-1300
영업부 | 02-747-1004, FAX / 02-745-8490
본사평생전화번호 | 0502-756-1004
홈페이지 | http://www.qumran.co.kr
E-mail | qrbooks@gmail.com
E-mail | qrbooks@daum.net
한글인터넷주소 | 쿰란, 쿰란출판사

등록 | 제1-670호(1988.2.27)

책임교열 | 오완

값 10,000원

ISBN 978-89-6562-447-9 03230